JN327270

うちの子、まだおしゃべりができないのですが大丈夫でしょうか?

多くの保護者が相談した、子どもの気になる発達

発達相談員歴 10 年
東口たまき

彩図社

はじめに

どうしても子どもが言うことを聞いてくれない、突然暴れだして何を考えているのか分からないなど、多くのお父さん、お母さんは、「なぜ？」や「どうしたらいいの？」という疑問と不安の中で、子育てをしなければならないときがあると思います。

子育て中は、ほとんどのご両親が何らかの悩みや心配ごとを持っているものです。

しかし、その悩みや心配ごとは、場合によっては周囲の人から、

「そんなことで悩まなくていいじゃない」

「そんなに心配することないですよ」

と言われて、真剣に取り合ってもらえないこともあるかもしれません。

でも、**悩んでいる本人にとっては、そんなに簡単に割り切ることができるものではなくて、そのまま、悩みと心配の袋小路に入ってしまうことがありますよね。**

私は10年にわたり発達相談員として、このような悩みを抱えてしまっているご両親から、多くの相談を受けてきました。本書は、私が実際に多くのご両親から受けた育児にまつわる

悩みを、相談業務の経験をもとにまとめたものです。

育児に悩み疲れたときこの相談内容を読むことで、他にも自分と同じ疑問や不安を持った人がいるということ、また、その人たち　はどのような回答を聞いたのかということを知っていただき、さらに、**それぞれの対応策を読むことで、今、困っている内容について違う視点から考えてみていただく機会になればと思い、この本を執筆しました**。

第1章の「ことばの発達について」では、特にことばの遅れの相談に応じた回答を多く記載しています。これは行政の行う健診日前後になって親御さんが最も心配する子どもの発達の1つとなっているからです。

第2章の「からだの発達について」では、親御さんが、わが子と他の子どもとを比べた時に「できる」「できない」「遅い」などと見た目で気になりやすい発達についての回答を多く記載しました。相談内容は、相談件数の多い順番に取りあげました。

第3章の「こころの発達について」は、「ことばの発達」、「からだの発達」と共に重要で、大切に扱わなければならない内容です。この本では、第3章になっていますが、こころの発達については、「からだの発達について」と並行してお読みいただくと、より子どものこころとからだの発達が分かると思います。

各章の相談への対応策は、筆者が実際に相談に応じた際に親御さんたちに助言をした内容になっています。

しかし、これらの対応策は、その親御さんの「困り感」と「子どもとの過ごしにくさ」を少しでも軽くするための「道しるべ」の1つであって、すべての親御さんや子どもに万能に適応するとは限りません。

また、**対象年齢が書かれていますが、対象年齢は、あくまで目安であって、その年齢以外の子どもにも十分適応する場合もあります。**

子どもの数、親御さんの数だけ悩みがありますね。

悩みは数だけでなく、それぞれ人によって感じる強度も重さも違ってきます。人は、悩むと考え方や気持ちが硬くなってしまい、相手へのことばや態度も硬く冷たいものになってしまうと思います。

この書では、様々な悩みの解決策として、親御さん自身が子育てにイライラせずに**「ふんわりやさしく温かい気持ちで子どもと過ごせる考え方」を提案します。**

筆者の対応策が、今後、子育てをする方々の一助になればと願います。

※本書の回答の考え方について

本書の回答内容は主に、筆者が専門にしている感覚統合療法《かんかくとうごうりょうほう》という考え方が基になっています。

私たちの多くは、五感（聴覚、視覚、触覚、味覚、嗅覚）を使って生きています。**感覚統合療法では、この五感以外に、前庭感覚《ぜんていかんかく》、固有受容覚《こゆうじゅようかん》という感覚の働きを含んで人間の行動を考えます。**

前庭感覚は、耳の奥にある三半規管《さんはんきかん》や耳石《じせき》のところで感じる感覚で、バランス感覚やスピード、回転したときに感じる感覚に関係しています。

固有受容覚は、筋肉や腱《けん》などの身体の奥で感じる感覚で、例えば、首を回したり、腕を伸ばしたりしたときに、すっきりした気持ちになる経験があると思いますが、その時に感じる感覚を考えると想像しやすいです。

どの感覚も、すべて身体を動かすことで、脳に伝えられる感覚です。しかし、子どもによっては、これらの感覚がうまく脳に伝わらず、それぞれの感覚刺激の処理に対応できていない子どももいます。そのような子どもに、**感覚を刺激する運動を提供して、様々な感覚刺激に対応できるようにしようとするのが感覚統合療法です。**

その他にも身体の動きがぎこちなく不器用になってしまう子ども、タイミングをはかることが難しく、ボールをうまく投げられない子どもなどについても、この感覚統合療法の視点から考えることができます。

身体が感じる感覚刺激を脳に伝える働きは、様々な脳の働きに関係するといわれています。

例えば、気持ちがすっきりする、誰かに触られた時それを心地良く感じる、不快に感じる、何も感じない、いつも何か不安を感じて過ごしたりする、ということも、身体で感じた感覚刺激の脳への伝わり方が関係していると考えられます。

そのため、親御さんは、**子どもが小さい時から身体を使って様々な感覚を味わえる遊びをするように意識していた方が良いでしょう。**

また、発達相談の回答内容には、この感覚刺激を意識した対応策と遊びを含んで紹介しています。

これ以外の考え方から回答をされる相談者もいると思いますが、筆者は、多くの親御さんや子どもにとって、この感覚統合療法の視点から子どもの行動や状態を考えることが有効だと思っています。

もくじ

第1章 ことばの発達について

第2章 からだの発達について

第3章 こころの発達について

相談18
対象年齢：1歳半～
キーワード：絵本への関心
同じ本ばかり持ってきます。
こちらが他の本を読んでほしいと思って
買ってもそれに興味が無いようです。 186

相談19
対象年齢：2歳～
キーワード：「ごめんなさい」が言えない
「ごめんなさい」を言うことができません。
どうしたら謝れるようになりますか？ 189

相談20
対象年齢：6か月～1歳半
キーワード：人見知り
母親がいなくなるとすぐに泣きます。
父親がいても泣き、母親でないとだめなようです。
泣かれないためにはどうすればいいですか？ 196

相談21
対象年齢：1歳～3歳
キーワード：人見知り・保育園・幼稚園
保育園に行くようになってから、
家でも母親の私から絶対に離れなく
なりました。どうすればいいでしょう？ 200

相談22
対象年齢：7か月～3歳半
キーワード：噛む・話さない
よく噛まれます。
噛まれると痛いので、とても辛いです。
噛むのをどうしたらやめさせられますか？ 204

相談23
対象年齢：2歳半～3歳半
キーワード：おむつが取れない・おねしょ
3歳児です。
おむつがなかなか取れません。
どうしたらいいでしょうか？ 214

相談24
対象年齢：1歳3か月～
キーワード：頭をたたきつける・強い刺激を好む
何かいやなことがあったとき、
床や壁などに頭をたたきつけます。
頭なので心配です。 220

相談25
対象年齢：1歳半～
キーワード：こだわり
こだわりがあるようで、何でも並べます。
こんな遊び方でもいいのでしょうか。 228

こころについての豆知識 232

おわりに 238

第1章 ことばの発達について

この章では、子どものことばを促すために親御さんは何に
気をつければいいのかをお話しします。
ことばは、感情や思想を伝える手段の１つです。
日本には、言霊ということばがあるように、
ことばには何か不思議な力が宿っているとも考えられます。
ことばに優しい気持ちを乗せて、こどもと対話をしていきましょう。

相談1

対象年齢：1歳半前後
キーワード：話さない・健診

うちの子、1歳6か月なのに何もことばを話さないのですが……

相談例1 **ことばは話さないが、こちらのことばは理解しているようだ**

よその子どもは、「ママ」、「パパ」、「マンマ」などと言っている子もいるのに、うちの子どもは何も話さないので心配です。

「あーあー」や「まーまーまー」「うお、うお」などの喃語《なんご》は出ていて、何を言っているのか分からないことばはよく言ってきます。このような状態で話すようになるのでしょうか？

でも、話しはしないのですが、親との意思疎通はできていると思います。こちらの言ったことはずいぶんと分かっているように思います。

相談例2 ことばは話さないが、こちらのことばは概ね理解しているようだ

何もことばを話さないので心配です。でも、喃語《なんご》は言っています。子どもが好きな物で遊んでいるとき、その好きな物の名前は分かっているな、と思います。

こちらの言っていることは、結構分かっているように思いますが、分かっていないな、と思うこともあります。

相談例3 ことばを話さないし、こちらのことばを理解しているかも分からない

私は子どもに話し掛けても意思疎通ができていないように感じます。こちらが目を見て話すと子どもは目をそむけます。また、子どもが泣いた時、私は、子どもの言いたいことが分からないし、どうしてほしいのかも分からないことが多いです。それに、この子が、私の言うことを分かっているのか、分かっていないのかも分かりません。

相談例4 ことばを話さないし、遊んでいると周りが見えなくなる

うちの子は1人で遊ぶことが好きなので、おもちゃで遊んでいる間やDVDを見ている間に家事をしています。家事ができて楽なのですが、私が呼びかけても、聞こえているの

かいないのか分からないくらいに遊びに夢中になっていて、振り向きもしません。近くに寄っても私の方を見ません。こちらの存在に気付いていないのか、また、自分の名前を呼ばれたことが聞こえていないのか、と思うくらいです。それにことばもまだ話せないので心配です。

相談例5　1歳6か月健診でことばの発達に遅れが見られると言われてしまった

1歳6か月健診で「ことばの発達に遅れが見られます」と言われました。確かに発達検査では、検査の先生に犬や車の絵を見せられて「ワンワンどれですか？」や「ブーブーどれですか？」と尋ねられても指をさして答えられませんでした。

発達検査の先生からは、「ことばの遅れが見られますので、これからゆっくり、はっきり話し掛けてあげてください。そして、また6か月後、2歳になったときにもう一度検査に来てください」と言われました。その後、特にゆっくり、はっきり話し掛けていますが、他に周囲の大人の対応として気を付けることがありますか？

「子どもがまだことばを話さない」というのは、1歳半前後の子どもを持つ親御さんに1番よく聞かれる相談です。私の経験上、親御さんが子どものことばの発達を気にかけるようになるきっかけは2つあるようです。

まず、子どもが1歳半を迎えると各自治体からお知らせが届く、「1歳6か月健診」。これは「1歳6か月健診」という名称ですが、必ずしも1歳6か月丁度に健診が行われるわけではありません。例えば、私が大学院在学中に勤めていた神戸市の区役所では、現在、1歳7か月になった子どもに健診が行われています。

このように乳幼児健診の月齢《げつれい》は自治体によって異なりますが、1歳6か月前後で健診が行われる理由としては、この時期の子どもの発達には、身体面や精神面に様々な変化が見られて、1つの大きな節目になるからです。

特に、この年齢に変化が見られることばの発達は重要な検査項目になっていて、検査者側も注意を払っています。親御さんもここで健診を受けたり、健診があるという話を聞いたりすることでお子さんの発達が気になるようになる方が多いようです。

2つ目は、子どもの発達に敏感になりがちな環境が整うことです。というのも、多くの親御さんは、お子さんがもっと小さいときからサークルや子育て広場のような公共の施設に出かけ、さまざまな親御さんと知り合い、おのずとわが子の発達と友達の子どもの発達を比べてしまうようになるからです。

そして段々、わが子と友達の子どもの発達の違いを強く感じるようになったり、ことばの遅れを感じて心配し始めてしまうんですね。

また、自分の子どもと他の子どもを比べる機会が少ない人でも、ことばの発達に関する悩みを抱えてしまうことがあります。比較対象がないがために、「自分の子どもの発達は今良いのかが分からないな」「発達が遅れてはいないかしら」と心配になってしまうんですよね。

もし、親御さん自身が、はっきりとではないけれども、**何かお子さんの発達に問題があるのではないかと気がかりに思うことがあるならば、後に掲載するチェック項目を確認し、それぞれに合う対策を試してみてください。**

「発達に問題があったらどうしよう」「誰にも相談しにくいな」と不安に思うこともあるかと思いますが、悩みと向き合うことを恐れずに早めに行動しましょう。

なぜなら、もし、お子さんのことばの発達に遅れがあった場合、その子どもにとっては、親が自分に何を言っているのか、言われてもどうしたらいいのか分からないまま毎日を過ごすことになってしまうからです。

親御さんもわが子のことが分かってあげられないということで、時にはイライラすることもあるかもしれません。そうすると、親子でお互いが分かり合いにくい関係が作られてきてしまいます。

ただし、チェックの前に、覚えておいてください。今、お子さんは1歳6か月前後だと思います。そうならば、**ことばの発達はこれから始まります。チェック項目結果は、あくまで目安です。もしもチェックした結果が悪くても、また、良い結果であっても、子どもへの様々な気配りや気遣いは怠らないようにしてくださいね。**

チェックポイント

お子さんが、大人が言ったことを分かっているかどうかをみましょう。

例えば「これ、ポイして」（ゴミ箱に捨ててくることの意）や「ドア閉めて」など、簡単なことをお願いしたら、こちらの言ったとおりにお手伝いができるかどうかです。そして次の項目の中から、あなたのお子さんに1番当てはまる項目を選び、その対策を読んで実践してみてください。

また、チェック項目の後に全体に共通することばを促す対策について触れます。こちらを読んでからの方が理解が深まりますので、対策を見る前に目を通すようにしてください。

1・子どもは、こちらの言ったことを80～90％分かっていると思う

↓対策①24ページへ

2・子どもは、こちらの言ったことを60～70％分かっていると思う

↓対策②27ページへ

3・子どもは、こちらの言ったことを40～50％分かっていると思う

↓対策③29ページへ

4・子どもは、こちらの言ったことを20～30％分かっていると思う

↓対策④32ページへ

5・子どもは、こちらの言ったことを全く分かっていないと思う

↓対策⑤37ページへ

ことばを促す対策

対策に入る前に、ことばを話すことに関しての基礎的な概念をご説明します。

ことばには、**「理解言語《りかいげんご》」**と**「表出言語《ひょうしゅつげんご》」**というものがあります。「理解言語」は、チェック項目でも書いたとおり、こちらの言ったことが分かっている、理解していることばを表しています。私たちが話すことばの発達は、相手から言われたことが分かる「理解言語」ができるようになったあと、次に「表出言語」、つまり、「話す」ことができるようになる、という順番をたどります。

それでは、お子さんが当てはまった項目の対策を見ていきましょう。

対策① 80～90％分かっている子どもへの対策

お子さんのことばの理解は良いようです。

お子さんが、80～90％こちらの言うことばを理解しているようなら、これから、親御さんは、もっとお子さんの「理解言語」を増やそうと思ってくださいね。**「理解言語」を増やしていくと、それにつれて、「表出言語」が育ってきますよ。**

でも、「理解言語」を増やすといってもどうしたらいいのかと思われることでしょう。

「理解言語」は、まさに「今、そこで、そのものに」を大切に、その場に応じたことばをできるだけ短い表現で話し掛けていくことで、お子さんの心の中に育まれます。

「子どもには、できるだけ短い表現で言いましょう」と勧める理由は、この月齢の子どもの記憶力では、こちらが長い文章を言っても全ては覚えられないからです。

理解言語を増やすには、例えば初めてりんごを食べるときは、親御さんは「はい、どうぞ」だけでなく、「はい、りんご」と言ってりんごを渡し、「りんご、おいしいね」と言いながら食べましょう。

何度も、「りんご」ということばを親御さんが発することで、子どもは心の中で、「りんご」

という音を何度も響かせることができます。こうすると子どもの心の中に、「りんご」という単語ができ始めます。

ですが、まだ、ことばにするには舌の動かし方が準備中だったり、音を出すことが難しい子もいるでしょう。子どもによっては、ことばを発することに勇気がいる子もいます。

親御さんから何度も聞くことで心の中にできた「りんご」という単語と、親御さんが度々言ってくれて、自分が耳で聞く「りんご」という音を確信するために、しばらく期間が必要になることもあります。

そして、ある日突然、実物や絵を見て何度も聞いていた「りんご」という音を自分も出してみようと試みるようになるかもしれません。

その時は「りんご」と言える子も、「りご」と言う子もいるかもしれません。でも、そんな風に言い間違えをしても、言い直させるのではなく、「そう、りんご」と正しい発音を聞かせながら、子どもが言えたことを大げさに褒めてあげましょう。子どもが発音する勇気が出たことや、言ったこと自体を喜んであげると、親御さんの喜びは子どもに伝わります。そして勇気が湧いた子どもは、もっとことばを言ってみようと思います。

ことばを覚えさせていく時期には、特に新しいことばであれば、子どもに何度も聞かせる

ことを意識して話してあげましょう。

また、子どもがもともとよく聞いて知っていることばも、さらに周囲の大人が頻繁に使い聞かせてあげましょう。このとき、できるだけ同じ表現を使うようにしてください。例えば、お母さんは「お魚」と言うのに、おばあさんは「おとと」と言うよりも、どちらか一方に統一しておいた方が子どもにとっては覚えやすくていいですね。そうすることで、子どもが自分の心に持っている「理解言語」に確信を持つことができます。

子どもの個性にも合わせて、お子さんがお手伝いできることを頼み、それができたら褒めるということを繰り返すこともいいでしょう。

「これ、ポイしてきて」と何かをゴミ箱に捨てるように頼みます。お子さんがその通りにできたとします。これは、子どもが、親御さんに言われたことが分かったから、それができたということになります。**何かできて、褒められることで、子どもの「理解言語」はどんどんと育っていきます。**

また、日常の決まった挨拶も子どもにとっては言いやすいものです。その時に応じた挨拶を聞かせることが、子どもの「このことば、聞いて知っているな」という「理解言語」への確信を強めます。

あなたのお子さんはこちらの言うことを80〜90％理解できているということなので、**このままお子さん自身が周囲の大人に言われたことを「理解できた」「良かった」「嬉しい、楽しい」という気持ちを味わえるように配慮して話し掛けましょう。**その楽しい気持ちが、子どもの「話す」につながっていきますよ。

対策② 60〜70％分かっている子どもへの対策

お子さんのことばの理解はまずまずですね。個人差ということもあるでしょう。対策としては、対策①も読んでください。

そして、対策②として、**特に日々の生活の中でいつも使うことばを意識して言うことで「理解言語」を増やしましょう。例えば、それは①でも書いた挨拶です。**

朝の挨拶も「おはよう」と家族全員に向かって1回で済ませるのではなく、一人ひとりと交わすようにするといいでしょう。そのときに、「ママ、おはよう」「パパ、おはよう」「○○ちゃん、おはよう」と言うようにしましょう。言った分だけ、子どもはたくさんの「おはよう」を聞くことができます。朝には「おはよう」と言うのだ、と覚えます。

子どもによっては、「おはよう」の後半部分「よう」だけを始めは覚えるかもしれません。また、「いただきます」の「ます」だけを言えるようになるかもしれません。

このように、ことばの後半部分だけ言えることと、全部言えることとの違いは、子どもの記憶力の発達段階によります。

耳から聞こえたことばを覚える記憶を、「聴覚記憶《ちょうかくきおく》」といいます。この月齢の子どもの聴覚の記憶力は、後で聞こえた方が記憶に残りやすいという傾向があります。子どもの月齢の聴覚記憶と子どもの個性に合わせて、できるだけことばをゆっくり言うように心がけ、子どもの心に残りやすくしてあげましょう。

個人差というと月並みな表現ですが、**子どもによって、大人が話すことばを自然に覚えている子どももいれば、同じことばを何度も言ってあげないと覚えられない子どももいます。**

特に、お兄ちゃんやお姉ちゃんがいる場合、親御さんは、兄や姉に話しているので、弟や妹も一緒に聞いているから分かっているだろうと思うかもしれませんが、もしも弟、妹が何度も聞かないと分かりにくいというタイプの子の場合は、弟、妹、一人ひとりにその子に合わせて分かりやすく言ってあげることが大切になります。

子どもが、親に言われたことを分からないままでいたり、よく分からなかったので言われたとおりにできなかったりすると、それは親の苛立ちになり、子どもを叱ることにつながってしまいます。そしてこのようなことが原因で叱られると、子どもはどんどん自信を失ってしまいます。

「理解言語」が60～70％の子どもの場合、**子ども一人ひとりの個性を考えてあげて、さらにゆっくり、はっきり、短いことばで、話し掛ける必要がでてきます。**

対策③ 40～50％分かっている子どもへの対策

お子さんのことばの理解は、少し難しいようですね。単語なら分かるときがあるかもしれません。

対策③では、親御さんが、子どもが分かっていそうな単語を知ることが大切になります。

まず、子どもが何か欲しい物を要求できるか、ということをチェックしましょう。これは、子どもが欲しい物を指さしで伝えることができるかという点を見ます。

そしてお子さんが欲しい物を指さしで要求できない段階にあるようでしたら、毎日口にする挨拶を心がけていくことも大切です。これは対策②で詳しく書きましたので読んでみてください。

また、この段階では、常に子どもが好きな物、興味のある物、例えば、ミルク、わんわん、プップ（車）などの実物を見て、具体的な物とその名前を表わす単語が一致するようにしてあげましょう。

もし子どもが車好きなら、親御さんは子どもが車を見たとき「プップだね」と言ったり、車の絵本を見せて子どもが指を絵の車の上に置いたら、「プップ」と言いましょう。また子どもが違う車を指さしたときも、親御さんは「プップ」と言ってあげましょう。

子どもによっては、自分が絵本の車の上に指を置いたら、親から「プップ」ということばが返ってくることが面白くて、初めのうちは何回も同じことをするかもしれません。そんな時は、根気強く、感動的に「プップ」と言ってあげましょう。そうすることで、子どもは、これは楽しい、また「プップ」と聞きたい、という気持ちで本の絵を指さします。この指さしが事物とことばの一致を進めていくきっかけになります。

子どもにとって、好きな物や興味のある物は覚えやすいです。それに、親の言い方も面白く感動的ならば、子どもにとっては「プップ」と聞くだけで楽しい時間を過ごすことができます。

子どもがことばを覚えるようになるには、訓練のようにことばを覚えさせるのではなく、親と楽しい時間を過ごす中で、自然に子どもが聞き慣れて、聞き覚えていくことが大切です。この**楽しく聞き覚えるということが、「理解言語」を育みます。**

お子さんが自分の欲しい物、興味のある物、好きな物を指さしで伝えられる場合は、その子に物を渡す時、「はい」と渡すだけでなく、それが「ミルク」であれば、「はい、ミルク」とその名前を言って渡しましょう。欲しい物、好きな物の名前は、覚えやすいので、「理解言語」を増やすには、絶好の品物です。

大人も好きな歌手や俳優や興味のあることの名称は覚えやすいと思います。その点では、子ども大人も同じですね。

子どもが好きな物、興味のある物を親御さんが知り、それらについての話や遊びを何度となく子どもとすることで「理解言語」を育てていきましょう。

対策④ 20～30％分かっている子どもへの対策

お子さんのことばの理解は、かなり難しいようですね。そのことを親として何となく、または、とても気にしておられるのではないかと思います。

お子さん自身も、周囲からの働きかけやことばの渦の中で混乱していることでしょう。その混乱が、もしかすると、子どもを落ち着きのない状態にして、余計に親の話し掛けに応じられないようにしているかもしれません。

このように、**子どもは気持ちが落ち着かないので、集中して周囲のことが聞けず、周囲の言っていることが分からないという場合があります。この場合、周囲だけでなく子ども本人も辛い状況にいます。**

できれば、専門医、保健師、保育園や幼稚園の先生、ことばの専門家などに相談して、皆でどうすればいいのかを考えましょう。家族の個性と環境に合わせた対策を考えてくれる人を選ぶことも、相談者探しのポイントです。

しかし、専門機関への相談がすぐに間に合わないという場合もあると思います。そのような場合の家でできる対策の例を示します。

まず、**お子さんが1番興味のある物を使って遊ぶように心がけましょう。**これは、112ページの「ことばについての豆知識」でもご紹介しています。

どうしても親御さんは、とにかくことばを覚えさせたい、と思ってしまいがちですが、覚えさせることに力をいれるのではなく、さらに子どもの発達に良いおもちゃは何かと考えるのでもなく、子どもが1番好きな物と、親御さんと子どもの関係を大切にして遊ぶようにするといいですね。

例えば、子どもがテレビのリモコンが好きなら、リモコンをハンカチで隠して、「いない、いない、ばー」とリモコンを隠したり出したりして、その時に「はい、どうぞ」と言って子どもに渡し、また、「ちょうだい」と言うやり取りの遊びをします。

もし、子どもが電車好きなら、空き箱をトンネルに見立てて、「電車がトンネルに入ります」と言いながら、電車を進めて見えなくなるようにして、また、「トンネルから出たよ！」と言いながら、遊んでみましょう。

子どもは、好きな物は注意をして見ますよね。その注意して見ることや、楽しいと思って1つのことに集中することが、気持ちを落ち着けていくきっかけになります。

もしも、まだ、子どもにとって好きな物がないようなら、親御さんと子どもの2人の関係を重視した遊びが、発達に良い遊びになります。手で顔を隠して「いない、いない、ばー」をして見せたり、親御さんが歌いながら、子どもの身体に触れる遊びや、歌いながら手遊びをしたりと、子どもが、親御さんと身体を使って一緒に楽しめる遊びをすることがいいですね。

手遊びでおススメなのは、「いっぽんばしこちょこちょ」という歌にのって子どもをくすぐる遊びです。子どもはくすぐられることが嬉しいので、この手遊びを楽しむと思います。

他にも、例えば親の方から「おはよう」と言いながら、子どもの目を見て、大きく手を広げて、自分の胸に走って飛び込んでくるように誘って、子どもが胸に飛び込んできたら、「ぎゅー、ぎゅー」と抱きしめるという関わり方も、子どもの発達にとって有効です。親と目を合わせること、つまり、子どもが目標物に目を合わせることは、今後色々な物を見るときの子どもが注視する力を促すことにつながるからです。

また、子どもは抱きしめられた圧力を心地良く感じます。心地良い圧は、心に落ち着きをもたらします。**心が落ち着いた子どもは、様々なことが受け入れやすくなります。**

その1つに模倣があげられます。私たち大人も、他の人が何かしていることをじっと観察して、その**真似ができるようになるのは、やはり穏やかな気持ちのときではないでしょうか。**

バタバタした気分では、周囲のことや自分のことも考えられないので、子どもも穏やかな気持ちにしてあげることから始めてはどうかと思います。

さて、このように遊ぶ中で、付け足すとより良い行動があります。それは、親御さんが子どもに「もう1回？」と人さし指を立てて聞くというものです。

子どもと遊んでいるとき、子どもがとても楽しそうであれば、その遊びが終わった際に、親御さんは「もう1回？」と指を立てて子どもに聞きましょう。

子どもは、その意味がまだ分からないので、反応がない場合が多いかもしれませんが、たとえ、子どもが意味を分からない様子でも、楽しそうなら、親御さんはもう一度、「もう1回？」と聞いて同じ遊びを繰り返します。

そうすると、子どもは、この行動をとったとき楽しいことをしてもらえる、と気付き始めます。そして、「もう1回」と言えなくても、親が指を立てるので、親の指を立てる真似をし始めるようになります。

もしくは、子どもによっては、親御さんがお子さんの指を持って立ててあげて、「もう1回」と言って、親御さんと同じ行動をとれるようにしてあげるといいでしょう。

子どもが少しでも指を立てるしぐさをしたら、「もう1回ね」と言いながら、同じ遊びをします。これで、子どもは、指を立てたら同じことをしてもらえる、という経験をします。こうして「もう1回？」と指立てすることは、コミュニケーション方法の1つになります。

この年齢の多くの子どもは、もっとしてほしくても、もっとしたくても、自分の気持ちを表す方法を持っていないので、主に泣くことが自分の気持ちを伝える方法になってしまいがちです。

しかし、この「もう1回」と言って指を立てて、自分の意思や要求を伝える方法を教えてあげると、まだことばでは言えなくても、指を立てるだけで、その遊びを繰り返したいときの自分の気持ちを伝えることができます。

これは、まだ話せない年齢の子どもだからこそ、コミュニケーション手段に取り入れてほしい方法です。泣くだけでなく他のコミュニケーション方法が使えると、子どもは、泣かずに理解してもらえる経験をし、しかも、やってもらえるという期待と希望を持って、親と関わることができます。

子どもが、コミュニケーションに積極的になることは、ことばの発達にも有効です。

対策⑤ まったく分かっていない子どもへの対策

お子さんのことばの理解は、難しいとはっきりと思われていると思います。できれば早めに、専門医、保健師、保育園や幼稚園の先生、ことばの専門家などに相談して、皆で考えましょう。家族の個性と環境に合わせた対策を考えてくれる人を選ぶことも、相談者探しのポイントです。その地域の市役所や区役所には、保健師がおり、専門機関への相談窓口になってくれます。

でも、このような場所に行って相談をするまでの期間、または、相談をして次に新たな機関を紹介されたけれども、予約で待たないといけないということもあるでしょう。この項目ではその間、どのように子どもと過ごせばいいのかをお伝えします。

子どもに、こちらが話し掛けていることを意識させます。子どもの名前を呼んだ時、子どもが気づいていないようなら、肩をたたいて振り向かせ、親御さんは子どもの目を見て話し掛けましょう。

そして、子どもが好きな物で遊びましょう。子どもは好きな物であれば興味を持ち、それに対して何らかのアクションを起こすからです。子どもが欲しい物なら手を出してきたり、触ろうとしたりするでしょう。その時に、親御さんは、例えば車のおもちゃならば、「プップ」「プップ、プップ」と言いながら、車を走らせたり、「はい、プップ」と言いながら子どもの目を見て渡します。

子どもの好きな物や興味のある物が分からない、という場合は、様々な物を見せて、子どもの好きな物を探してあげましょう。

親御さんが、子どもの「好きな物探し」をするために、あれやこれやとおもちゃを見せて手渡すことも子どもにとっては遊びの1つになりますよ。

他にも、色々なおもちゃの裏に一巻きしたガムテープや両面テープなどを付けておいて、そのおもちゃを、子どもの服にくっつけていくことも面白い遊びになりますし、小さくてカラフルなボールをくっつけていくことも面白いでしょう。子どもが、くっつけられた物を取ったら、それを親御さんの服にくっつけるように促して、「ほら、くっついた」と言って遊ぶことも十分楽しめると思います。

また、例えば、親がぬいぐるみの犬を持って、子どもに向かって「ワンワン」と言って走り寄せたり、ねこのぬいぐるみを持って、「ニャンニャン」と言いながら、子どもの身体に触れさせたりします。

もしくは、何か箱などの物陰から、小さな犬のぬいぐるみを覗かせて、子どもが見たら、すぐにそれが隠れるようにして遊ぶことも子どもにとっては楽しいでしょう。ぬいぐるみの「いない、いない、ばー」になります。

親は、ぬいぐるみを覗かせたときに、「ばあ～」と言い、ぬいぐるみが隠れたら、「あれ、いなくなった」と言いながら子どもの反応を見ます。子どもが、ぬいぐるみがいなくなったことを気にしていたら、また「ばあ～」と言いながら犬のぬいぐるみの顔を覗かせます。

そして、最後に、親御さんは、この犬のぬいぐるみが物陰《ものかげ》から出てきて、子どもの胸やのどのところをくすぐるように、跳びつかせるような動きをさせます。子どもは、今まで出たり隠れたりした犬のぬいぐるみが、跳びついてくることをとても面白がるでしょう。このような遊びは、子どもが興味のなかった物への興味関心の気持ちを芽生えさせます。

ことばは、親との関係性の中で育っていきます。親御さんが、子どもが好きな物で一緒に遊んで、子どもの気持ちや子どもがしている行動に合わせていくことで、子どもの気持ちの中には「もっと遊んでほしい」という要求や期待感がおこります。このような**子どもの要求や期待感が「理解言語」の発達につながるのです。**

しかし、子どもによっては、親御さんから見ると1人で遊んでいる方が楽しそうに見える場合がありますね。もし、そのように見えたとしても、子どもの遊びに加わって一緒に遊んで過ごしましょう。なぜなら、子どもだけでは遊びが広がらず、同じ行動をしてしまいがちになるからです。**親との関わりを通じて、遊び方の種類を増やしていきましょう。**

例えば、子どもが積木を並べていたら、親御さんは子どもと一緒に積木を積んだり、子どもの横で別の積み木を積んで見せたりと、子どもと同じ空間を楽しみます。

子どもは、親が作った物に興味を持ち、倒そうとする可能性が高いですが、もし倒したいようなら倒させてあげて、倒れたことを子どもが喜んだら、「もう1回しようか」と誘って、親御さんが積んだ積木の上に、子どもに積ませ、交代で積むようにします。

子どもが積むときは「どうぞ」や「はい、どうぞ」と言いながら、親御さんが積むタイミングを子どもに示します。そうすることで、子どもが物事を始めるときのタイミングや親の言うことに自分の行動を合わせる、ということが身に付いていきます。

ことばの発達については、ことばの遅れについてだけ対策を考えがちですが、親御さんが子どもとどんなふうに遊ぶかもことばの発達に関わっています。

相談2

対象年齢：1歳～1歳半前後
キーワード：話さない

いつ頃から意味のあることばを話すようになるのでしょうか？

相談例1　1歳2か月ですがまだことばが話せません

私の子どもは1歳2か月です。話すのが遅いと思うのですが、いつ頃から意味のあることばを話すようになりますか。

今は、何を言っているのか分からないことばを言っています。名前を呼ぶと、振り向きますし、欲しい物に指さしをしたり、人にバイバイと手を振ることもできます。「こんにちは」と挨拶をするときや、「ありがとう」を言う時には、頭を下げるしぐさをします。「ちょうだい」と言うと、持っている物を渡してくれて、「はい、どうぞ」と言って渡すと、「ありがとう」のしぐさで頭を下げます。

相談例2　**1歳2か月ですがまだ意味のあることばが話せません**

1歳2か月です。話すのが遅いと思うのですが、いつ頃から意味のあることばを話すようになりますか。

他の子は、よくしゃべっているように思えるのですが、この子は、話すのが遅いように思います。名前を呼ぶと、振り向きます。「ちょうだい」と言うと渡してはくれません。指さしはしませんが、周囲の人が「バイバイ」というと、子どもはそれに合わせて手を振ります。

多くの親御さんは、友達の子どもが話しているのを見たり、外出先で他人の子どもが話しているのを見たりすると、自分の子はいつごろから話すようになるのかと、心配と期待感でこのような疑問を持ち始めますね。

特にことばの発達については、自分の子どもが、1歳に満たなくても、ちょうど1歳を過ぎた頃でも、このような心配と期待感があるようです。

ですが、**この時期にそこまでことばを話さないことを心配する必要はないでしょう**。

というのも、公共機関で行われる発達検査、特に１歳６か月健診であれば、１歳半過ぎで、「マンマ」「ママ」「パパ」「ワンワン」などの単語が言えるかどうかを尋ねられます。つまり、検査から判断すると、目安として１歳半過ぎでこれらの意味のある単語が言える程度でいいということが分かります。

発達検査の中に、１歳３か月を超えた頃から１歳６か月の期間に、語彙《ごい》３語が話せているかどうかの質問もあります。ちょうどこの１歳３か月超の年齢ごろから意味のあることばを言い始めるということが分かりますね。

そうすると、１歳２か月の子どもに対して、「話すのが遅い」という心配を持つには少し早いということが分かります。

ただ、多くの親御さんが気になさってしまうように、個人差で１歳３か月や１歳４か月から意味のある単語を覚えて言える子どももいます。

ですが、この年齢で話しているようなら、どちらかと言えば、その子のことばの発達が早い方に入ると考えられます。なぜなら、**この年齢では、多くの子どもは、子ども自身は話せなくとも、こちらの言っていることは分かるというときのことば「理解言語《りかいげんご》」を育てている時期と考えられるからです**（「理解言語」については１１２ページの「ことばについての豆知識」も参考にしてください）。

私たちは、話すことができるようになるまでに、この「理解言語」をたくさん心の中に育て持つ時期を経ます。

この時期には、物の名前や大人から言われたことの意味が分かるようになります。その後、心の中にできた「理解言語」を大人が言うように真似て、その場に応じたことばを話すようになります。

1歳2か月前後でしたらこの「理解言語」を育てている最中ですので、ことばを話さないことに過剰な心配をする必要はありません。ですが、よりしっかりと「理解言語」を育てるためには、23ページの「ことばを促す対策」の方法を参考にしていただければいいかと思います。

ところで、意味のあることばを言い始める前には、「ダダダダダダ」「ママママママ」「むにゃむにゃ」「バブバブ」と何かを言っている時期や何か宇宙語と思えるようなことばを一生懸命に話す時期が見られます。

これは、喃語《なんご》の時期といわれます。発達検査にも生後8か月から9か月に喃語についての質問項目があるので、**生後しばらくは、喃語の時期を親御さんも楽しんでいきましょう。**

また、**子どもが、何かおもちゃを持って、喃語で話し掛けてきたら、親御さんも同じ音を繰り返し言いながら「そうね」「分かるわ」などと、微笑みうなずき、子どもが言おうとしていることを聞いてあげましょう。**子どもは、親御さんの笑顔に励まされ、嬉しくて、どんどん何かを言おうとします。このやり取りは、ことばの発達にとても重要な役割を果たします。

ときどき、親御さんの方から子どもが分かっていそうなことを聞いてあげるのもいいですね。

例えば、おもちゃやボールを子どもに渡して「ここに入れて」と言います。子どもが入れられたら大きく褒めます。子どもは、褒められて嬉しいので、もう一度同じことをして褒められようとします。できれば、そのようなやり取りを繰り返します。子どもは自分の言っている喃語で、親が微笑んでくれた、自分が親から言われたことができて褒めてもらった、という経験を重ねます。

このやり取りから生まれることばの発達への効果は、親御さんが、子どもの伝えたい気持ちを大切にすることで大きくなります。子どもは、また聞いてもらいたいという意欲を湧かせて、たくさん喃語を言いたくなりますし、そんな風に遊んでいる中で、親御さんから言われたことが分かるという、「理解言語」の習得にもなるからです。

次に1歳3か月前後のお子さんの理解言語が年齢にあった成長をしているかを調べるチェック項目をあげます。チェックポイントと対策を見て参考にしてください。

チェックポイント

次の項目の中から、あなたのお子さんに当てはまる項目を選び、その対策を読んで実践してみてください。

1．大人が「ちょうだい」と言うと、持っている物を渡してくれる。欲しい物があると指さしをする。バイバイ、ありがとうなどの挨拶のしぐさをする。

→対策① 47ページへ

2．大人が「ちょうだい」と言っても、その意味が分かっていないようで、物を持ったまま何の反応もない。または欲しい物や気づいた物に対し指さしをしない。

またはバイバイ、ありがとうなどの挨拶のしぐさをしない。

↓対策② 49ページへ

【ことばを促す対策】

対策① 話さなくともしぐさなどに反応が見られる場合

この設問で、子どものどのような発達を確認しているのかというと、主に「理解言語」になります。

発達検査では、1歳3か月超から1歳6か月で語彙3語を言っているかどうかという設問があるということはもうすでに申しあげました。ですので、もし**お子さんが1歳2か月よりも小さいのでしたら、まだ意味のあることばが話せなくても心配する必要はないと言うことができます。**

また、大人に「ちょうだい」と言われて子どもが持っている物を渡すことができるようになるのは、生後10か月前後です。発達検査の項目にも、10か月超から11か月にできているかどうかの設問があります。

「バイバイ」に合わせて手を振ることは、発達検査では、生後9か月前後から見られる行動とされています。

自分が欲しい物を指し示すことができることも大切な認知の発達で、今後のことばの発達には重要な要素となります。発達検査では、指さしをするかどうかの質問は、1歳超から1歳3か月にあります。

ですから、お子さんがこの相談にある子どものように、名前を呼ばれたことが分かっているし、「ちょうだい」「ありがとう」のやり取りをしているし、その他に、「バイバイ」に合わせて手を振ったり、「こんにちは」「ありがとう」などの挨拶のときも、ことばに合わせて頭を下げるなどの行動ができているのでしたら、「理解言語」の発達を確認することができると言えます。

また、身体的な面を見ると、大人の手の上に、自分の持っている物を置くという点で、「手と目の協応《きょうおう》」という発達も見ることができます。これは、相手を見て、自分がどれだけ手を伸ばせば、相手の手の上に物を置くことができるのかを測ることができている、ということになります。

多くの大人は、「手に物を置くだけだ」と思われるかもしれませんが、視覚と自分の手をどれだけ伸ばすといいのかという距離感の認知的発達が必要になる行動です。

以上のように、検査項目とその年齢を照らし合わせてみると、この子どもは、1歳2か月で「理解言語」や「指さし」などに特に問題がみられないので、**「ことばの発達」には大きな心配をしないで、むしろこれからは「理解言語」を増やすよう心がけて話し掛けたり、遊んだりするといいでしょう。**

対策② しぐさなどに反応が見られない場合の対応

もしもあなたのお子さんが、チェック項目にあるように1歳2か月で「バイバイ」をしていないということであれば、「理解言語」の習得に注意してあげる必要があります。

なぜなら、「バイバイ」は、発達検査の質問では生後9か月から10か月にあり、その月齢には、「バイバイ」の意味を理解して、その行動ができることが見込まれているからです。

そのため、あなたのお子さんは、あなたや周囲の人が、「バイバイ」と言いながら、子どもの手をとって、手を振らせることを何度もしてあげる必要があるかもしれません。

子どもによっては、他の子どもや人が「バイバイ」としているのを見て習うことができますが、**見るだけでは分からず、実際に大人が子どもの手を持ってその動きをさせてあげないと分からない子もいる**からです。そのような子どもの場合、自分の身体のイメージ（「ボディイメージ」と言います）を持ちにくいという理由も考えられます。

「ボディイメージ」とは、例えば、幼稚園や小学校の運動の時間に「両手を上に伸ばしましょう」、「両手を曲げて肩の上に置きましょう」などと言われた時に、子どもは自分ではまっすぐ伸ばしているつもりでも、斜め上になっていて、まっすぐ伸びていなかったり、曲げた時にもしっかり曲げられていない場合などに、「この子はボディイメージが弱いのではないか」と判断するときに使う用語です。

このようなボディイメージを持つことが難しい子どもは、どのように自分の身体が動いているのか、どの位置に手や足が上がっているのかを知ることが苦手です。そのため、**周囲の大人は、その子どもに見本を見せるだけでなく、身体に直接触れて、どのように動くのかを伝えてあげる方が子どもは分かりやすくなります。**

このような子どもの場合も、バイバイの手の振り方をどのように振るのかを親が手を持って教えてあげる方が、分かりやすいですね。

さらに、**人の真似をするためには、気持ちが落ち着いていなければなりません。いやな気持ちや不安定な気持ちのときには人の真似をすることは難しいので、子どもの気持ちにも注意を払ってあげる必要があります。**

また、「ちょうだい」という親御さんのことばに反応がないようなら、「理解言語」の習得にも注意をしてあげないといけません。

例えば、親御さんが「ちょうだい」と言って片手をだして、もう一方の手で子どもの手を持って、その子が持っている物を手にのせるように促します。子どもが、親に促されて、手の上に置くことができたら「ありがとう」と言って、子どもをしっかりと褒めましょう。

このやりとりを繰り返すことで、子どもは、「ちょうだい」と言われたときの物の渡し方を習い、褒められて嬉しいという気持ちになります。そして、「ちょうだい」「ありがとう」のやり取りを覚えていくことになります。

相談例２やチェック項目にもあるように、「指さし」をしないという場合は、もし人さし指を立てることがまだ難しいようなら、大人がどのように人さし指を立てるのかを、子どもの手を持って形作ってあげることもいいでしょう。

また、人さし指を立てることにこだわらず、欲しい物に手を向けるように促してあげることもいいでしょう。その方法として、子どもにその子の好きな物を見せて、手を伸ばして取るようにさせます。子どもがそれを手でつかむ前に、大人が、伸ばしてきた子どもの手に渡してあげます。このような遊びをすることで、子どもは、欲しい物に手を伸ばすと、取ってもらえることを覚えます。

人さし指を立てる前の段階として、手さしを覚えさせてあげてもいいですね。

相談3

対象年齢：3歳〜3歳3か月
キーワード：話さない・健診

3歳児健診でことばの遅れについて言われました。今後、どのような対策をすればいいですか。

相談例1 **質問内容は理解しているが、興味のある物以外の名前が答えられない**

発達検査の先生に自転車、椅子、時計などの絵を見せられて、「これは何ですか？」と尋ねられても、多くの物の名前を答えられませんでした。

ただ、恥ずかしそうに先生を見ていましたが、ボールの絵を指さして名前を聞かれた時は、「ボール」と言うことができました。この子は、ボールが好きなのでよくボールで遊んでいます。ボール以外で質問された品物はあまりこの子にとって興味のない物なのかもしれませんが、答えられなかったのでちょっとショックでした。聞かれていることは、分かっているように思いますが、自分で答えるとなるとできないのかなと思います。

相談例2　質問の意味を理解していないようだし、声に出して答えられない

発達検査の先生に絵を見せられて「これは何ですか?」と指をさして聞かれたとき、私の子は、先生と同じようにその絵を指さしして、恥ずかしそうにしているだけでした。質問の意味がよく分かっていないようでした。

相談例3　何も答えられない

発達検査の先生が、検査の前に「今日はどうやってここに来ましたか?」と子どもに尋ねました。でも、うちの子は、ニコニコしているだけで、何も言いませんでした。

相談例4　何も答えられないし、その場からいなくなりたがる

発達検査の先生の質問に全く答えないで、その場を早く去ってしまいたいというように、私のカバンを引っ張ったり、私の膝に上がってこようとしたりしました。

相談例5　質問には答えたが、聞かれたことと違うことを答えてしまう

発達検査の先生が、検査の前に「今日は何で来たの？ 車で来た？」と子どもに尋ねたところ、私の子どもは「くるま」と答えました。しかし、本当は、自転車に乗って来たのです。家でもこちらが聞いたことが分かっていないように思うことが多いですし、オウム返しをすることや、全く違う答えが返ってくることがよくあります。

3歳児健診は、1歳6か月健診に続いて公共機関で行われる乳幼児健診の1つです。1歳6か月健診後、ほとんどの自治体はこの健診を行っています。私が大学院の頃に勤めていた神戸市の区役所では、現在、3歳3か月の子どもに3歳児健診を行っています。また、1歳6か月健診から3歳児健診までに、特にことばの発達に遅れが見られた子どもや発達が気になる子どもがいれば、2歳か2歳半になったときに再度健診に来てもらう手続きもとっており、子どもの発達のケアをしています。

さて、相談にあるように、1歳半、2歳、2歳半と経過観察をしていくなかで、3歳児健診では、ことばの遅れについてはっきり指摘されるケースが多くなります。

もしあなたも、相談例にあるような体験をされたなら、次にあげるチェックポイントとその対策項目を参考にしてください。

また、このような経験をされていない方も様々な子どもの理解のために一読してください。というのも、自分の子どもだけを理解することが親や大人の役割ではないからです。

自分の子どもは、他の子どもと共に成長し、お互いが人という環境として影響し合います。例えば、ことばの遅い子どもの気持ちを理解できる大人が増えることで、その子どもが十分に話せなくても、理解してくれる大人が周囲にいることになってその子は安定した気持で過ごすことができます。

ことばをはじめ、私たちが何かを習得する場合、心の安定が必要になります。周囲の大人が、子どもの心が安定する環境を作ろうと常に意識することで、その環境で成長する子どもたちは色々なことを習得しやすくなります。

はじめに「大人の心がけ」

3歳を過ぎると、幼稚園やお友達との集団生活について考えなければいけない時期にはいります。そのような時期を迎えるにあたって、子どものことばの遅れは、子どもにとっても大人にとっても辛いものです。

例えば、言いたいことを言えない子どもは、いやなことがあるとすぐに人を叩いたり、物を投げたり、泣いたりしてしまいがちです。しかし、周囲の大人は、このような子どもがもどかしい気持ちでそうしてしまっていることには気付きにくい傾向があります。**何も言えず、叩くなど他の方法で自分の気持ちを表してしまう子どものそのような行動は、その子の心の叫びでもあります。**周囲の大人は、どうしてその子がそうしてしまうのかを考えて、子どもの心の叫びに耳を傾けなければいけません。

この時期の大人の子どもへの役割は、子どもを、子どもの社会に入って行きやすく、そしてその社会で生きやすい方向に向けてあげることです。

また、もっと小さな年齢から診断をしているドクターもいるようですが、**3歳を超えると、発達障害の診断ができる年齢になります。**今まで、年齢的に診断できなかったことも、この頃から診断によって、その子どもの特徴を知ることができます。

診断をしてもらうことで、子どもも周囲の人もお互いが理解しやすくなります。例えば、私たちは、障害のあるなしにかかわらず、誰かとのつながりを考えた時、相手の好きなことや嫌いなことなど、相手の興味関心ごとについて知りたいと思うでしょう。それは、その相手と仲良く、人間関係をより良くしたいと思うからではないでしょうか?

診断を受けることも、そのようなことが言えると思います。**診断してもらうことで、その子はどういうことが好きで、どういうことが嫌いか、何が得意で何が苦手かなど、大体のその子の特徴や傾向を知ることができ、診断は、その子どもに合った人間関係の築き方を知る道しるべの1つになると思います。**

健診でことばの遅れを心配された場合、公的機関から紹介を受け、子どもの状況によってはことばの発達支援を受けることができます。各地域で支援方法は様々なので、地域の子育てに関する課に出向き、有意義な支援方法を教えてもらうといいでしょう。

ここでは、そのような公的機関の支援にプラスしてもいいですし、公的機関の支援がすぐに間に合わず、予約が取れてもまだ数か月先の参加になってしまうご家庭で心がけてもいい、ことばの発達への対策を提案します。

しかし、ことばの遅れといっても様々あり、程度も異なり、対策も変わります。今回は「3歳児が、大人から質問されて答えられないという、ことばの遅れ」の相談として5項目をあげました。これらを参考に、それぞれのチェックポイントと対策を見てください。

チェックポイント

次の項目からあなたのお子さんに1番当てはまる項目を選び、対策を読んでください。

1．質問の意味は分かっているようだが、恥ずかしそうに質問者の目を見るだけで、ほとんど質問には答えない。

→対策①60ページへ

2．恥ずかしそうに質問者の目を見るが、質問の意味が分からない様子で質問に答えられない。

→対策②62ページへ

3．質問よりも自分がしたいことを始め、自分に質問されていること自体が分からないようだ。

→対策③64ページへ

4．質問には答えたが、質問に合わない答えが返ってきた。

→対策④68ページへ

【ことばを促す対策】

対策① 質問の意味は分かっているようだが答えられない

質問者の目を見て恥ずかしそうな様子をすることから、お子さんは自分が発することばに自信がないと推測されます。

例えば、質問者から「お昼は何を食べた？」と聞かれた場合、この子は心の中では何を食べたか、その物は何だったか、何という名前の物か、を覚えている可能性が高いのですが、それを言って間違っていたらどうしよう、と自信が持てず発言することができないようです。これは「理解言語《りかいげんご》」がある状態と考えられます（「理解言語」については112ページの「ことばについての豆知識」を参考にしてください）。

このような場合、**子どもは心の中に言いたいことを持っているけれども、それを発することをためらっている状態なので、生活の中で自然にことばを使っていけるチャンスを作ることが大切です。**

例えば、隣で親御さんがお昼ごはんについて、「おうどん、つるつるを食べたね」などと言ってあげると、子どもは自分が言おうとしていたことばと一緒だと確信できます。その時、親御さんが食べた物を答えて終わるのではなく、お子さんが、質問者に答えられるように促してあげましょう。親御さんに勇気づけられ、今度は自信を持って言えるでしょう。

例

質問者：「○○ちゃん、今日のお昼何食べたの？」
子ども：黙って恥ずかしそうな表情をして答えない。
親御さん：「おうどんね。ほら、先生におうどん、って言ってあげて」
子ども：「おうどん」

また、もし例えば、「うどん」がお子さんがその日に初めて言えたことばであれば、親御さんは覚えておいて、その日の晩や翌日に、「今日のお昼はおいしかったね、○○と他は何を食べたかな？」や「昨日のお昼何食べたかな？　白くて長いもの何だった？」と子どもに「うどん」と言わせるチャンスを作ったり、数日後、うどんの話をしたりすることで、**自然な形で子どものことばに対する自信を定着させてあげましょう。**

対策② 質問の意味が分からず答えられないようだ

お子さんが質問者の目は見るものの、質問の意味が分かっていない様子の場合、質問内容を変えると、うなずくか、首を横に振るか、そのまま下を向くかもしれません。また質問内容によっては、何かを答えられるかもしれません。

このような場合、**「○○は好き？」のような、うなずくか首を振るかなど、ことばではなくても答えられる質問をしてみましょう。**

例えば、自分で考えて答えなければならない「今日のお昼は何を食べた？」というような質問よりも、「ハンバーグ好き？」や「イチゴ好き？」というように、子どもがうなずいたり、首を振って答えられたり、「好き」とだけでも答えられる質問をして、子どもが大人に通じたと感じられるようにしてあげます。**子どもが、うなずきや、首を振って答えることは、「理解言語《りかいげんご》」の表れです**（「理解言語」については112ページの「ことばについての豆知識」を参考にしてください）。

このように、こちらが尋ねたことに、**子ども自身が理解して答えることができた、と実感できる質問をします。そうすることで子どもは、「意味が分かって答えられる」、という自信**

を持つことができます。

そのため、いくつか同じような質問をしてあげるといいですね。例えば、多くの子どもは、好きな物や食べ物ならその名前を知っているものです。うなずいたり、首を振ったりして答えた後は、質問内容を切り替えて、子どもの好きな物を聞いてみましょう。「好きな食べ物は何？」や「好きな物は何？」といった具合です。というのも、子どもは、好きな物なら言える場合があるからです。

もし、好きな物を言えたら、「まあ、○○が好きなの。私も好き。○○はおいしいね」などと、ことばを増やして応答していきます。子どもは、自分のことばで答えられ、他の人に分かってもらったことが嬉しくて、さらに声を出して答えようとするでしょう。このように、大人は、子どもがどのような質問なら答えられるのかに配慮した方が良いでしょう。

しかし、「○○は好き？」といった、うなずいたり、首を横に振ったりする質問に変えてもお子さんが答えなければ、「理解言語」に問題があるかと思われます。

その場合は恥ずかしそうに質問者の目を見ていても、それはその子が何を言われているのか分からないので見つめているだけだと考えられます。このような状態ならば、お子さんが、日常生活では、どのように過ごしているのかを再確認する必要があります。

再確認する点は、日常生活でことばの理解に問題がないように見えるのは、日頃決まっている事柄を順番通りにこなしているからであって、日常生活で経験のないことについて質問をされると分からないかもしれない、という点です。

例えば、相談例2や相談例3の、「これは何ですか?」や「今日はここにどうやって来ましたか?」という質問は、日常決まって聞かれるような質問ではないですが、意味が分かると答えられる質問ですね。

日常、子どもは、家では親御さんの決まり文句を聞いて過ごしているので、理解しやすく、過ごしやすいのですが、発達検査の場は非日常なので、純粋にことばそのものを理解しないと答えることができません。

そういう意味で、日常生活であまり経験のない質問に答えられず戸惑うようなら、やはり「理解言語」に問題があるように思われます。**「理解言語」の育み方を「ことばについての豆知識」の項目で確認し、実践してみてください。**

対策③ 自分に質問をされていること自体が分かっていない

お子さんが、**自分自身に質問されていることを分かっておらず、自分がしたいことを始めてしまうようならば、「理解言語《りかいげんご》」の問題を心配した方が良い**でしょう（「理解言語」については112ページの「ことばについての豆知識」を参考にしてください）。

例えば、子どもの遊んでいる手を止めて、子どもの両肩を持って話し掛けてこちらに気づかせようとしても、また遊びの方に気持ちが向くようなら、子どものことばの理解は、難しいと判断した方が良いでしょう。

また、相手の言ったことにあわせることが難しく、自分がしたいことを優先してしまうことから、気持ちの切り替えが難しかったり、こだわりがあったりというコミュニケーションの問題も考えられます。

ことばの理解が難しい子どもは、質問をされても何を聞かれているのか意味が分からないので、余計に答えようと思えませんし、分からないことを言われるので気持ちが落ち着かず注意力が散漫になってしまいます。

一度、専門機関に相談されることをお勧めします。

しかし、専門機関に相談するまでには、予約など時間を要することが多いので、それまでどう過ごせばいいのか困ってしまう親御さんもおられますよね。そこで、ここでは、専門機関に相談に行くまでにできることを、少し例を挙げて示しておきます。

もしも、**お子さんが遊んでいる最中に質問をしたとき、お子さんが答えなければ、そのまま親御さんも子どもがやりたがっている遊びを一緒にしましょう。**

例えば、パズルをしたがっていれば、一緒にパズルをします。子どもが、パズルを1人でしたがっていれば、まずは1人でさせます。

簡単なパズルで、お子さんが1人でできたら、「できたね」と少し大げさに褒めます。その後できたパズルを親御さんがバラバラにして、「もう1回して見せて」「もう1回やって」「もう1回しようか?」などと、2回目は親御さんが誘います。

でも、お子さんは、親御さんが言ったことを聞いているのかどうか分からないくらいの速さで、自分でまたパズルをしようとするかもしれませんし、もしくは、親御さんにパズルを手渡して、やってほしいと要求してくるかもしれません。

お子さんが自分でやり始めた場合、パズルが出来上がった後に、そのパズルの中にある絵を指さして、「これ何?」と尋ねて、子どもがはっきり答えられたら褒めるようにします。**お子さんに、親の質問に答えて、褒められて嬉しいという「快」の気持ちを味わわせることが大切です。**

親御さんにやってほしいと要求した場合は、親御さんは「一緒にしようか」と言いながら、お子さんと一緒にパズルをしましょう。できたら、「やった、出来たね」と完成したことを喜んで、またパズルの中にある絵の名前を聞いてみます。

お子さんが答えられたら、例えば、「そう、りんご。ピンポーン」と正解をしたことを喜んであげます。もしも、間違えたなら、とても残念そうな顔で「残念～。りんごじゃないよ。これは桃よ」と言ってあげます。間違ったことが恥ずかしいことではないように応答してあげることが大切です。

間違えたとしても、「言えた」ということを尊重することを忘れないようにしましょう。そして、物の正しい名前を教え込むのではなく、その場は正しい名前を伝える程度にしておきましょう。親御さんは気持ちに少しゆとりを持っているといいですね。

その上で、親御さんは子どもが間違った絵の名前を覚えておいて、例えば、新しいことばが「桃」ならば、新聞広告に「桃」があれば、「もも」と指さして言ったり、「桃太郎」のお話を見せたりと、**何かに関連付けて日々の生活の中でその新しいことばを使うように意識させるといいですね。**そうすると、子どもも、このことば聞いたことがあるな、この果物知っているな、などと思って「理解言語」を少しずつ増やし始めます。

対策④ 質問と違う答えを返してしまう

「今日のお昼ごはんは何食べた?」と聞かれ、食べていない物を答えたり、自分が好きな物を答えるお子さんがいます。これはどちらも、「理解言語《りかいげんご》」に問題が考えられます(「理解言語」については112ページの「ことばについての豆知識」を参考にしてください)。

ただし、前者はもしかすると、他の子どもが言っていたことばを思い出して言っているのかもしれないので、もう一度聞いてあげる必要があります。そして、再度尋ねてもまだ全く違う食べ物を答えるようなら、「理解言語」の問題を考えてあげる方が良いでしょう。

対策③の子どもと違う点は、こちらの質問に応じているという点です。

このようなお子さんの「理解言語」の問題は、質問の意味が全く分かっていないのではなく、質問の意味が少し分かっていることです。

今回の「今日のお昼ごはんは何食べた?」の質問の中では、「何を食べた?」の意味は分かっていて、食べた物を答えればいいと分かったと考えられます。しかし、「今日のお昼ごはん」の意味が分かっていないのかもしれません。

このような部分的な「理解言語」の問題は、日常生活の中でも頻繁に見られて、親御さんも、「分かっているのか、分かっていないのか、分からない子どもだ」と思うことが多いと思います。また、日々の生活の中で、質問をしたけれど違う答えが返ってきたり、注意したことが聞けなかったりと、何か噛みあわない経験をされていると思います。

そんな時、言い聞かせても分からない子、何回言っても分からない子として、親御さんは、苛立ちを感じてしまうことがあるのではないでしょうか。

しかし、**基本的に「理解言語」に何らかの問題がある子どもは、大人が言い聞かせても、実は、何を言われているのか分からないまま聞いていることが多いです。**

それに、子どもによっては、耳からだけ入ってくる情報は理解が難しい場合もあるので、目で見て理解できる工夫をしてあげた方が分かりやすくなることもあります。

子どもがより理解しやすいように、ことばで説明するだけでなく、絵に描いたり、図に描いたりしながら、ゆっくり話をする方が良いですね。携帯電話で写真を撮っておいて、その写真を見せながら「○○に行きますよ」「○○を買いますよ」などと具体的に伝えることもいいでしょう。

「理解言語」を育むためにも、物や出来事をことばと一致させて、ゆっくり、はっきり、話し掛けましょう。時には絵や図を使ってのことば掛けも必要になります。

相談4

対象年齢：3歳～3歳3か月
キーワード：落ち着きのなさ・話さない

3歳児ですが、動き回り落ち着きがありません。危ないので困ります。また、ことばも遅いようなので心配です。

相談例1　家でも外でもとにかく動き回り、こちらの制止を聞かない

家でも外でも動き回っています。身体を動かすのが好きなようで、家ではソファーやベッドに上がったり、下りたり、ジャンプしたり、転げたりして遊んでいます。外出先では、急に走り出して危ないので「止まりなさい」や「待って！」と言いますが、聞かずに行きたい方に行ってしまいます。そのためいつも親は後について歩いたり走ったりしています。

相談例2　動き回る上に興味が持続しない

家でも外出先でも、こちらのおもちゃ、あちらのおもちゃと、色々な物に興味があり過ぎるようです。そうかといって、そのおもちゃや遊具で長い間遊ぶわけではなく、ちょっと触って遊んでは次のおもちゃへと移ります。あらゆるおもちゃを出してしまうので、片付けに困ります。子どもに「お片付けしなさい」と言いますが、片付けようとしません。

好奇心があり過ぎるので、外出した時には、私の手から離れてすぐにどこかに行こうとします。「待って」や「止まって」と言っても聞かず、私がいつも後を追いかけて走ります。

相談例3 家ではおとなしいが外では落ち着きがなくなる

家では、おもちゃで機嫌良く遊んでいて、どちらかというとのんびりしている方だと思います。しかし、外出先では落ち着きがありません。見た物にすぐ興味が出て、それを触りに行ったり、少し遊んでは、また次のおもちゃへと興味が転々と変わります。

相談例4 初めての場所にいくと落ち着きがなくなる

初めての場所に行くと、あちらこちらの物を見て触って動きます。次のおもちゃに行くときも、慌てるように足早に移動します。「そんなに慌てなくてもいいから、ゆっくりね」と促しても、聞いてくれずに、走って行ってしまいます。

3歳児になると、今までと比べると体つきがしっかりし、活動範囲も広がりますね。そしてこの時期の多くの子どもは、男児も女児もよく動き、活発に遊び回ります。

体力面でそれほど強くないお母さんですと、子どもとの遊び方や過ごし方でとても疲れることもあるでしょう。

ところで、**子どもの動きが、「活発」ということばでまとめるには年齢と個人差を逸脱した印象を受ける場合もある**と思います。

例えば、その場でどうしていいのか分からず混乱してあちこちに動き回っているように見える場合や、疲れを知らないくらいに活発に動いて、親御さんのそばからすぐ遠くに走って行ってしまい、行動範囲と活動の程度に

制限がないように見える子どもがいます。

このような非常に活動的過ぎる子どもを持つ親御さんの相談は、「動き回って落ち着きがないので心配です」という内容が多くなります。

しかし、子どもが活発すぎて悩んでいると周囲の人に言うと、24時間そのお子さんと一緒に過ごすことのない人たちからは、「活発で元気な子でいいじゃないの」と言われてしまうことが多いようです。

そうなると親御さんは心配ごとを軽く片付けられてしまったようで、気持ちがスッキリしない状態になってしまいますよね。また、「もしかすると、私の考え過ぎかな、この年齢の子どもは、みんなこんなに元気なのかな」と思って、無理やり自分を納得させようとするかもしれません。

でも、やはり**親御さんが子どもの活発さを心配してしまうのには、それなりの理由がある**んですよね。そこで、次のチェックポイントを参考に、お子さんの落ち着きのなさの理由を考えてみましょう。

チェックポイント：落ち着きのなさについて

子どもが動き回って落ち着きがないことにも何らかの理由があります。その理由を考える指標として、親御さんや保育者が困る場面を以下の3項目に分けました。

3つの中から、どの状況で困ることが1番多いのかをチェックして、それぞれの対策を参考にしてください。

1．家でも外出先でも落ち着かず、「待って！」「止まって！」などと言っても聞かない。

↓対策①75ページへ

2．家では落ち着いているが、買い物など外に出ると落ち着きがなくなる。

↓対策②81ページへ

3．家や慣れた場所では落ち着いているが、初めて行った場所では落ち着きがない。

↓対策③86ページへ

【子どもを落ち着かせるための対策】

対策① 家でも外でも落ち着かない場合

制止が効かない理由に、子どもが、「止まって」や「待って」ということばの理解や、他のことばの理解が難しい可能性と、子ども自身の気持ちのコントロールが難しい可能性が考えられます。

ことばの理解の難しさについては、「理解《りかい》言語《げんご》」がまだ未熟なことと、子ども自身の気持ちが落ち着いていないために、こちらの言うことが耳に入らなくてそれで理解できない、という悪循環を引き起こしている可能性が考えられます。「理解言語」については、この章の末にある「ことばについての豆知識」（112ページ）を参考にしてください。

多くの人は、落ち着きがない子どもには、落ち着いてほしいと思います。そのため、行動を制止したり、どうにか静かにさせようと努力しがちです。しかし、ここでは違う視点で、落ち着きのない子どもの行動の意味を考えてみたいと思います。

大きく分けて2つの考え方から子どもの行動と気持ちを見て、お子さんに合う対策を考えていきましょう。

考え方①「子どもは動きたいから動いている」

「子どもは動きたいから動いている」「今、子どもは、動くことを必要としている」と考えます。そのように考えると、お子さんが落ち着きなく動くのは当然だ、と思えるのではないでしょうか。

子どもが動きたいから動いているのに、大人がそれを無理やり止めてしまうと、子どもは「動きたい、動きたい」と思ったまま過ごすことになります。すると子どもは、「動き足りない」という気持ちでいっぱいになり、その気持ちが大きく膨らんで、さらに「動きたい」と思うようになってしまいます。

では、この場合どうすればいいのでしょうか。

もしも、**お子さんが「動きたい」と思っているのなら、動かせてあげましょう。**

これは甘やかしではないんですよ。

感覚統合療法《かんかくとうごうりょうほう》では、子どもが「動きたい」と思って動く行動について、彼らは動くことで、「気持ちを落ち着かせる」、「気持ちがスッキリする」と考えます。つまり、動いた効果を子どもは必要としている、と考えられるのです。

「動いて気持ちが落ち着く」「動いて気持ちがスッキリする」という感覚が、理解しにくいと思う人もおられるかもしれませんね。例えば次のような場面を想像してください。

あなたが講義や仕事中、または家事やその他何か作業を行っているときに眠気を感じたとします。そんなとき、自然と首を回したり、肩をほぐそうとしたりと、筋肉や関節を動かそうとするのではないでしょうか。そして、その行動によって目が覚めたり気分がすっきりしたという経験はないでしょうか。

また、そのようにして体を動かした後は、私たちは気持ちを切り替えて次の段階に進んだり、改めて今までの作業に集中できたりすると思います。

このように、**身体部分への刺激は、気持ちをスッキリさせたり、目覚めさせたりする効果がある**ため、大人は社会的に認められる範囲で、身体を動かして気持ちを落ち着けたり、スッキリさせたり、集中力を高めているのです。

子どもも同様で、個人差はありますが、動くことで、落ち着いたり、スッキリしたりしていると考えられます。子どもは、まだまだ自分自身での身体や気持ちの調整が難しいので、親御さんにしてみると動くことは厄介な問題行動に映ってしまいますが、子どもなりに自分の欲求を満たそうとしているのです。

このように子どもの動きを理解していくと、まず始めに、**お子さんの動きを止めるのではなく、子どもの動きたいという欲求を満たしてあげて、その後に、こちらが目的とすることをするように促した方が良い**と思いませんか。

例えば、家の中でなら、四つん這いになってお馬さんごっこをしてあげたり、曲をかけてダンスをさせるなどして動きたい気持ちを満たしてあげた方が、子どもは早くスッキリして、落ち着くことができます。気持ちがすっきりすれば、お子さんも何か他のことや親御さんがしてほしいことに取り組むことができるようになるでしょう。

これは子どもの欲求を満たすばかりで甘やかしになるのではないかと心配する方もおられると思います。しかし、この場合、欲求を満たすことが甘やかしにつながるのではなく、子どもを次のステップに移りやすくしてあげるための手段と考えてくださいね。

例えば、親御さんが、簡単なパズルのおもちゃで遊んでほしいと思っても、子どもがあちこちに行ってしまう場合、むしろ子どもとたくさん外で遊んで、その後に家に帰ってきてからパズルをした方が良いということになりますね。

そして、落ち着いてパズルができたら、「うまくパッチンできたね」などと褒めてあげます。これで、子どもは落ち着いてパズルができ、また、褒めてもらえて嬉しく感じ、次も頑張ろうと思えるようになります。

気持ちが落ち着いた状態で何かを行ったこと、さらに褒められることで嬉しいと感じるという経験をすることで、今後何かにチャレンジする意欲と勇気がさらに強化されます。

考え方② 「子どもは、今、何をしたらいいのか分からない」

子どもは、何をどうしていいのか分からないので動いていて、それが落ち着きがないように見えている場合もあります。

その時の子どもの様子は、動いていることを楽しんでいるのではなく、どちらかと言えば、混乱して動き回っているという印象が持たれます。

そのような時には、**今、何をしたらいいのかをお子さんに伝えてあげるといいでしょう。特にことばだけの説明では分かりにくい子どもの場合、絵を描いて見せてあげると、その子は理解しやすくなります。**

これを例えば、私たち大人と置き換えてみましょう。私たちが知らない町に行ったとします。どこに何があるのかを耳で聞くだけでなく、地図も書いて説明してくれるととても分かりやすくなると思います。地図があることで、行き方を順序立てて考えることができ、方向や行動の見通しがつくので、安心して目的地に着くことができるでしょう。

このように子どももも、耳から入る情報と、目から入る情報、この2つを揃えてあげた方がより分かりやすいのです。

例えば、公園に行っても、あっちの遊具に行ったり、こっちの遊具に行ったりするだけでなかなか遊ぶことができない子どもがいます。これはその子が遊具での遊び方が分からないからだということも考えられます。

そしてこのような子どもは、いつも転々としていて他の子どもが遊ぶ様子もしっかり見ないので、さらに遊び方が分からなくなってしまいます。

そのような場合には、話し掛けるだけではなく、親御さんがその遊具での遊び方をお子さんに見せるか、もしくは、他の子どもが遊んでいる様子を一緒に見て、「面白そうだね」「楽しそうだね」と言って、「皆と一緒に遊ぼう」と誘ったりすることをお勧めします。

ただし、**知らない子どもが遊んでいるのを一緒に見ても、どうやって遊ぶのかがすぐに分かる子どもと、親御さんと一緒に遊んだ方が分かりやすい子どもがいるので、お子さんにあった方法で接してあげてくださいね。**

このように、落ち着きがない、遊具で遊んでくれない、といった大人にとって問題だと思われる行動は、子どもにとっては自分の気持ちの不自由さになんとか対応している行動だと考えることができます。

このようなお子さんへの具体的な対策方法は82ページの「対策①②向け具体的対策例A」と83ページの「対策①②向け具体的対策例B」をご覧ください。

対策② 外に出ると落ち着きがなくなる場合

外出先でばかり落ち着きがなくなってしまうのなら、周囲からの刺激が子どもを落ち着かなくさせていると考えられます。

外出先では、子どもは慣れた家の中よりもたくさん外界から刺激を受けることになりますね。外界からの刺激というのは、子どもの目に飛び込んでくる周囲の人や物ですが、それには、その周囲の物を見る目の使い方が関係しているといわれています。**目の使い方で刺激をたくさん受けてしまって、それが落ち着きのなさにつながっている**と考えられるのです。

具体的には、落ち着きのない子どもは、1つの物をじっと集中して見るのではなく、キョロキョロとあちこちに目を向けてしまう目の動かし方をしているからだと考えられています。

家の中は、物はいつも同じところにあって、子どもにとって十分に把握された安心できる環境ですね。ですが、スーパーマーケット、公園、駅、それらの建物はいつもの場所にあるけれど、その中は、家とは違う刺激的な物が散りばめられています。子どもにとって、周囲の物が目新しく、興味があちこちに向いてしまいます。その結果、あちらこちらと自分の目に入ってくる物に向かって動いてしまうことになります。

対策①②向け具体的対策例A

私たちは目標が決まるとその方向を向いて進むことができますね。子どもも同じです。**ある目標を事前に言っておくと、それを目指して移動すればいいことになります。そうすると、あちこちに目を向けて、どうしたらいいのか分からず、迷走することもないでしょう。**

例として、買い物をする場合です。

買い物リストを書き、そのリスト通りに買い物をしていきます。リストも絵や写真を使って知らせてあげた方が良い場合もあります。

リストにある物を見つけて、買い物かごに入れたら、リストの字や絵を線で消していきます。そしてリストに残っている物だけを探せばいいようにします。

また、買い物の前には、子どもに何を買うのかを絵などで伝え、子どもに目的を持たせて、買い物が終わったら帰ることも伝えておきます。

子どもはリストを持つことで見通しがつくので、落ち着いた気持ちでスーパーの中を移動することができるでしょう。

対策①②向け具体的対策例B

例えば、いつも行く公園や遊び場での場合です。

おもちゃなどの遊具への興味関心が、落ち着きのなさにつながっていると考えられる場合があります。

この場合、子どもは、目についたおもちゃや遊具に触れてみたいと思って動き回っている場合と、おもちゃや遊具をどうやって使えばいいのか分からなくて動き回っている場合があります。

子どもがおもちゃや遊具を好きなのは当然です。おもちゃや遊具で遊ぶことは良いことなので、興味があるならどれも触らせてあげるといいですね。

子どもが全ての興味のあるおもちゃを見た後で、親御さんが一緒にどれが面白そうなのかを探してあげて、その遊具の遊び方を教えてあげるか、一緒に楽しく遊ぶようにするといいでしょう。

しかし、前述のとおり、子どもが、おもちゃや遊具でどうやって遊べばいいのか分からなくて動き回っている場合もありますね。

遊び方が分からず動き回っている子どもは、頭の中は混乱していて、自分はどうすればいいのか分からない、という気持ちになって、それが自信をなくす原因にもなる可能性があります。そのような場合、親御さんは子どもに遊び方を見せてあげる必要があります。

親御さんが遊び方を見せても見ない場合や、一緒にやろうとしない場合は、無理強いをせず、親御さんは子どもの後について、「これで遊ぶ?」とその度に聞いてあげましょう。子どもが、やってみたいと思う気持ちをそばで待ってあげることも大切です。

一方、その場所に行くと、必ず好きなおもちゃがある子どももいます。その場合は、好きなおもちゃで十分に遊んで、それに満足したあと、次の新しいおもちゃに誘った方が良い場合があります。

それは、子どもが好きなおもちゃで遊ぶと満足するので、次は新しいおもちゃで遊ぼう、と思えるようになるからです。

「やっぱり、あのお気に入りのおもちゃで遊びたいな。遊ぼうかな」と思いながら違うおもちゃで遊ぶよりも、１番好きな物で遊んでから、次に新しいおもちゃで遊ぶ方が、新しいおもちゃに集中しやすくなります。

これは、お子さんがお気に入りのおもちゃばかりで遊ぶのではなく、新しいおもちゃの面白さを親御さんと味わって、遊びの種類と遊び方に広がりを持てるように促す１つの案でもあります。

対策③ 初めての場所に行くと落ち着きをなくす場合

初めての場所なら、大抵の子どもは落ち着かなくなるのは当然のことですね。私たち大人も、初めての場所に行くときっとソワソワすると思います。

しかし、しばらくその場所にいると慣れてくる子どももでてきます。また、数回から何度も行かないとその場所に慣れない子どももいます。すぐに慣れない子どもには、できるだけその場所に何度も行き、少しずつ慣れていけるように親御さんの方が根気強く対応してあげた方が良いですね。

ただし、子どもによっては、その場所が第一印象でいやになり、今後、そこには、二度と行きたくないと思うこともあるので、注意が必要です。

また、何度行ってもお子さんがいやがって泣いてしまうようなら、無理強いをせず、日を少しおいてから行くようにしてもいいですし、お子さんが気に入った場所を他に見つけてあげることも大切になります。

なぜかと言うと、初めての場所で、落ち着きがなくなって、なかなかその場所に慣れない子どもは、いつも不安を心に抱えているか、周囲からの刺激にとても敏感な場合が多いからです。そのため、**落ち着きのなさは、子どもの不安の高さや敏感さからきている**とも言えますね。

不安や周囲からの刺激のために敏感になって落ち着きがなくなっている子どもや、不安でなかなか新しい場所に慣れにくい子どもは、親の言うことや周囲の状況が見えて分かるようになれば、不安も少しは軽減して、落ち着くようになってきます。

しかし、気持ちが落ち着いているから、人の言うことが聞けたり、周囲の状況が見えるようになって、不安も軽減してくるとも言えます。ですから、**まずは、子どもが安心した気持ちでいられるようにしてあげるといいですね。**

またそうすると、これらの対策にあげた子どもさんのことばの発達については、親御さんから言われたことが分かっているのか、分かっていないのかも見てあげる必要がありますね。実際、今回のご相談では、ことばの遅れも心配ということでした。

３歳児の場合、特に話す単語の量の少なさが気になると思いますが、こちらが言ったことばを分かっているのかどうかを知る、「理解言語《りかいげんご》」の問題をみてみましょう。なぜなら、話すことばの少なさは、理解していることばの少なさに関係しているからです。

「理解言語」については、112ページの「ことばについての豆知識」を参照してください。

相談5

対象年齢：8か月～1歳半
キーワード：指さし・話さない

1歳3か月の女児です。何かを見つけて指さしをしますが、取ってあげてもまた違う物をさします。

相談例

子どもが指をさすので、指さした物を取ってあげます。でもその後はそれに興味がないようで、また次の物に向けて指をさします。また、その物を取ってあげると、それは放っておいて次の物を指さします。

物を取ってあげても、遊ばないので、取ってあげるばかりで疲れます。どうしてほしいのかなと思ってしまいます。

発達検査のなかでは、1歳から1歳3か月の年齢に「指さし行動」という検査項目があります。これは、ことばを話し始める前の子どもは、指さしや、手さしで自分が見た物や関心のある物を示したり、自分が欲しい物に指をさし始めるからです。

そして、1歳6か月健診や3歳児健診では、ことばの発達と認知力を見る場合、必ずと言っていいほど、「指さしをしますか?」という質問をされます。それくらい、**「指さし」は、子どもの認知力とことばの発達を見る大きな指標の1つになっています。**

指さし行動には次の4種類があります。

1. 相手が指さしをした方向を見たり、一緒に同じ方向を見たりして指さしをする。
2. 自分が欲しい物を指さしで伝える。
3. 何かを見つけた時に伝えたくて指をさす。
4. 質問に答える指さし。「~はどれ?」と聞かれたら答えを指さす。

このように、**指さしには意味があります。そのため、その意味に合わせた対応をしてあげる必要があります。**お子さんがどの意味で指さしをしているのかが分からないときは月齢を目安に考えるといいでしょう。各々の対応を記しましたのでご覧ください。

1・相手が指さした方向を見たり、一緒に同じ方向を見たりして指さしをする。
（8〜10か月）→対応①　91ページへ

2・自分が欲しい物を指さしで伝える。
（1歳）→対応②　92ページへ

3・何かを見つけた時に伝えたくて指をさす。
（1〜1歳6か月）→対応③　95ページへ

4・質問に答える指さし。「〜はどれ？」と聞かれたら答えを指さす。
（1歳6か月）→対応④　97ページへ

例えば、冒頭の相談のお子さんは1歳3か月です。指さしの意味は、月齢を目安にすると、3の「何かを見つけた時に伝えたくて指をさす」と考えられます。ですから、対応③をご覧いただければと思います。

対応① 相手のさす方を見たり、同じ方を見て指さす（8～10か月）

生後8か月から10か月では、相手が指さしをした方向を見たり、一緒に同じ方向を見たりして指さしをする行動がみられます。お子さんがこの月齢ならば、**親御さんは何かを指さしながら、子どもに話し掛けるといいでしょう。**

でも、この月齢になったからといってすぐに指さしが始まるわけではありません。まずは指さしの意味が分かる経験が必要になります。なぜかというと、初め親御さんが指をさしても、それが、子どもにとっては、その方向にある物を見るように親がそうしたとは、分からないからです。この月齢以前から少しずつ経験を積んでこそ、子どもはその意味が分かるよ

うになるのです

例えば、手を伸ばせば取れるような距離にミニカーを置いておきます。親御さんは、「ほら、あれ見て」と言いながら、指をさして、そのミニカーを触ります。「これは、ブーブーね」と言いながら、そのミニカーを子どもに渡してあげて、子どもと遊びます。

また、親御さんが、犬を見て指をさし「ほら、ワンワンよ」と言うと、子どもも同じ方向を見て指をさしたら「そう、ワンワンね」など、何に指をさしたのかを伝えます。**子どもは、親が言ったことばによって、指をさした方向にある物の名前を少しずつ、知っていくことになります。**

子どもは、親のことば掛けと指さしの経験を小さなときから積んでいくことで、やっと生後8か月くらいから相手がする指さしの意味が分かり始めます。

対応② 自分が欲しい物を指さしで伝える（1歳）

1歳以前の指さしは、相手が指さした方向を見ることと、親がしたように指をさすこと以上の意味はありませんでした。しかし、1歳くらいになると、子どもは欲しい物を指さしで伝えることができるようになり始めます。これを、「要求の指さし」といいます。

ただし、子どもは、初めから欲しい物に指さしができるわけではありません。

発達的に、この年齢の子どもはことばがまだ話せないので、多くの子どもは身体を使って自己表現をすることが多くなります。欲しい物があったり、何かしてほしいときは、泣いたり、笑ったり、叩いたり、ひっかいたり、噛んだりして、時に親を困らせる厄介な方法で表わすことにもなります。

その厄介な要求の表し方をしなくても済むように、この時期の子どもには、自分の気持ちを伝える方法として「要求の指さし」をマスターさせてあげた方が良いですね。

では、「要求の指さし」はどのようにマスターしていくのでしょうか。

誰でも自分の希望や願い、欲求、要求が受け入れられると、とても満足すると思います。子どもも自分の思っていることを聞いてもらえると、気持ちが満足します。

そのため、**子どもは、欲しいものに手を出すしぐさをしたらそれを渡してもらえたという経験や、親からの「何欲しい?」「これ欲しい?」などの話し掛けの経験を通して気持ちが満足することで、手さしや指さしをすることを学んでいきます。**

しかし、気持ちが満たされる経験をするためには、その反対の「足りない」「不満だ」「不快だ」というネガティブな気持ちも必要になります。例えば、のどの渇きは、「のどが渇いた」という気持ちがあるからこそ、「何か飲み物が欲しい」と求める気持ちがでます。そして、飲んだ後、「おいしかった」と、のどの渇きもとれて満足できますね。

ですから、**子どもが声を出したり、手を伸ばしたりして何かを求める様子を見せてから親は子どもが何を欲しがっているのかを考えて、色々と思い当たる物を聞くようにしましょう。**「お茶?」「お水?」「ジュース?」と、子どもの欲しそうな物を見せながら聞き、その子が欲しそうな顔をしたり、手を伸ばしてきたらそれを渡します。

そのとき、親御さんが、「のどが渇いていたね。お茶が欲しかったのね」などと言いながら飲ませてあげると、子どもは、自分が声を出したり、手を伸ばすと親が応じてくれ、自分の欲求がその方法で分かってもらえ、気持ちが満たされることを体験していきます。

これは、子どもをいつも、満たされない気持ちにさせていた方が良いという意味ではありません。しかし、**親が、子どもが何かを欲しがる前に先手を打ち過ぎて何でも与えてしまうと、子どもはいつも満たされているので、「何か欲しい」と思う必要もなくなってしまいます。**そして、自分から積極的に「これ、欲しい」と伝えようとする気持ちと同時にその気持ちを表す「要求の指さし」もしなくてもいいようになってしまうのです。

繰り返しになりますが、「要求の指さし」は、まだ話せず、もどかしい気持ちになりがちなこの時期の子どもの、大切なコミュニケーション手段になるので、是非、習得できるように促してあげましょう。

対応③ 何かを見つけたときに指をさす（1～1歳6か月）

1歳から1歳半にかけて、子どもは何かを見つけた時にそれを伝えたくて指をさすようになります。今回の相談の子どもも、この年齢にあたりました。

指さしの種類とその子どもの反応から考えると、指さししている物が欲しくて、取ってほしいと言って指をさしているのではないと分かります。

しかし、この親御さんは指さしをすると子どもが欲しがっていると勘違いをして、熱心に子どもの指さす物すべてを取ってあげて、子どもに渡しました。

一方、子どもの方は、それを渡されても、もともと、欲しかったわけではないので、取ってもらった物に特に興味はなく、また違う物を指さしました。
このようなすれ違いから、お互いに何か満たされない気持ちになるコミュニケーションになってしまったようです。

このような年齢の子どもの指さしには、親は、子どもが指さした物をとって「これは○○ね」とその物の名前を言ったり、「これはかわいいね」と感想を言ったり、「これはお母さんのものね」「これは○○ちゃんのものね」と持ち主の話をしたり、「これはこうするのよ」と言いながら使い方を見せてあげる方が、子どもの指さしした意味にあっているでしょう。

子どもが見つけた物と、それと関係した出来事を話すことで、子どもは、自分が言いたかったことを分かってもらったと思います。**この年齢の子どもは、「これ知ってるよ」「これ昨日もここにあったよね」などと、自分の心の中にある知識や情報を確認するような気持ちで指をさしています。**

まだことばが話せない年齢だからこそ、**子どもが指さしをしたら、何を言いたいのか気持ちを想像し、子どもの気持ちを共有しようとすることが大切です。**

対応④ 質問に対する答えとして指をさす（1歳6か月）

この年齢の子どもが聞かれたことに答え、正解したら、「まる」「ピンポーン、正解」と言って褒めてあげましょう。褒められることで、自信ややる気が起こります。

この年齢では、このようなやり取りがとても嬉しく、誇らしい気持ちになります。そのため、同じことを繰り返ししてほしいと言ってくると思いますが、子どもが満足するまで応じてあげた方が良いでしょう。

もし失敗したら「残念、おしかったね」と励ましのことば掛けも忘れずにします。失敗したことが悔しくて、もう1回したいという子どもであれば、もう一度チャレンジさせてあげて、それが出来たら、その時点で終了してもいいでしょう。**できるだけ、物事は失敗したままで終わらせない方が良いです。**成功体験は、次のチャレンジとステップアップにつながります。

相談6

対象年齢：1歳半～2歳半
キーワード：発音の訂正

2歳児ですが、ことばが遅いです。特に発音がうまくありません。間違っている発音は、言い直させるべきですか。

相談例

2歳ですが、ことばが遅いです。親は、子どもの話していることばはほとんど分かるのですが、うまく発音ができないので心配です。例えば、「アンパンマン」の「マン」や「ぎゅうにゅう」の「にゅう」の発音がうまくできません。間違っている発音は、言い直しをさせた方が良いのか、そのままにしておいた方が良いのか、迷っています。

挨拶は、礼をしたり、手を合わせるなどのしぐさをします。

ことばには「理解言語《りかいげんご》」「表出言語《ひょうしゅつげんご》」がありますが（112ページの「ことばについての豆知識」参照）、この相談のお子さんの場合、ことばの遅れの心配は、「表出言語」、つまり、話しことばの発音の不明瞭さにあるようですね。

発音が不明瞭というのは、例えば、「さ・し・す・せ・そ」が「しゃ・し・しゅ・しぇ・しょ」になったり「た・ち・つ・て・と」が「ちゃ・ち・ちゅ・ちぇ・ちょ」になって、「さかな」を「しゃかな」と言ったり、「くつ」を「くちゅ」と言ったりする状態です。

このように発音が不明瞭になってしまう理由の1つに、子どもの身体の準備ができていないことがあげられます。**子どもがことばを話すためには、「理解言語」や「表出言語」も大切ですが、身体の準備も必要になるのです。**

身体の準備には、例えば、呼吸、肺活量、口や舌の動きなどがあげられます。身体の準備を整えながら、子どもの発音が完成してくる年齢は3歳ごろになります。

この完成までに、各年齢に形成されていく音があります。母音の完成を例にすると、1歳ごろの子どもは、母音の「アイウエオ」の音は区別され難く、どれも同じようになりがちで、2歳になると「ア・ウ・オ」と「イ・エ」の発音が区別され始めます。そして3歳になって「アイウエオ」がそれぞれの別の音として完成されていきます。

それ以外の音も、例えば、2歳代に「パ行、バ行、マ行、ヤ・ユ・ヨ・ワ・ン、母音」の音ができるとされています。実は、これらの発音がうまくできるためには、舌や口の動きの発達が必要になります。

また、肺活量も関係してきます。小さいときは、長い文章で話そうとすると、途中で息を切らしながら話していた子どもが、成長と共に少しずつ息切れせずに話せるようになります。これは、肺活量が増え、呼吸がうまくできるようになったからです。つまり、子どもが、私たち大人のように話せるようになるためには、発音や息切れしないで話せるための、身体の発達が重要なのです。

この観点から見ると、相談例のような2歳前後の子どもの発音は、まだまだ完成されていない状態だからうまく発音ができないということになります。しかし、場合によっては「理解言語」に問題があるなど他に原因がある可能性もありますので、次のチェック項目を確認してみてください。

チェックポイント：発音の不明瞭さについて

1．親が聞いても、他人が聞いても、子どもの発音は、単語の一部の発音が不明瞭で、それ以外は、ほとんど発音できていると思う。例えば、「ぎゅうにゅう」の「にゅう」がうまく言えない。

→対策① 101ページ

2．全体的に、話しているとクリアーに発音されない音がある。

→対策② 102ページ

3．子どもの発音は、単語の1文字くらいがはっきり言えているだけで、親だけが分かる程度だと思う。例えば、アンパンマンを見て「あ」と言う。

→対策③ 103ページ

対策① 単語の一部が不明瞭な場合

子どものクリアーな発音は、3歳ごろに完成するのが目安になります。ですから、あなたのお子さんがこの相談者の子どもと同じ2歳前後なのでしたら、もう少し様子をみてもいいかと思います。

今は、子どもが、何か自分が知っていることばを口に出して言うことと、それを親御さんに分かってもらって嬉しいという時期を過ごしています。この時期の子どもは、話すことがとても楽しいので、その気持ちを尊重して、**たとえ間違った発音でも、言い直しをさせるのではなく、親御さんが、正しい発音で、子どもにオウム返しをするといいですね。**

例えば、「これ」を子どもが「こりぇ」と発音しているなら、親が「これ。そう。これ」などと正しい発音で言い変えて聞かせてあげます。

対策②　全体的に聞き取りにくい場合

よく話せているのに、全体的に聞き取りにくい不明瞭な発音が多く含まれる場合、**子どもの舌や口の動かし方や、もともとの聞こえ方に何か問題があるのかもしれませんね。**

もしも、そのような機能的な問題であれば、専門機関で早く見つけてあげた方が良いでしょう。そうすることで、子どもは、言い直しや聞き直しをされたり、自分では表現できない聞こえ辛さに悩むことが少なくなるからです。

ところで、話すための舌の動きについてですが、お乳を吸ったり、口に物を入れて舐めたり、噛んだりするという行為も、話すための舌の準備になっていると言われています。

何か物を口に入れて遊ぶ時期には、口に入れないでほしいと思う親御さんも多いと思いますが、**子どもの「吸う」「舐める」「噛む」は、舌の動きを活性化する役割も果たしています。大いに遊ばせて、舌の運動をさせてあげましょう。**

対策③ 親以外には理解が難しいと予想される場合

子どもの言っていることを、「分かる人は親だけだろうな」と思う場合、**子どもの舌や口、聞こえ方の問題を考えてあげた方が良いでしょう。**

2歳児は、今後もさまざまな発達の変化が見られます。こちらの言っていることが分かる言語を「理解言語《りかいげんご》」といいますが、「理解言語」の発達についても考えていく必要があるでしょう。これについては、112ページを参照してください。

相談7

対象年齢：1歳7か月～3歳
キーワード：乱暴さ・話さない

1歳9か月です。おもちゃを取られると、叩いたり、引っかいたり、突いたりします。他の子どもに怪我をさせないか心配です。

相談例

施設に行くとその場所に子どものお気に入りのおもちゃがあります。それでいつも喜んで遊ぶのですが、他の子どももそのおもちゃで遊びたがります。他の子が来て、うちの子が遊んでいるおもちゃに触わると、その子を叩きます。場合によっては、引っかいたり、突いたりします。私は、「一緒に遊びましょう」や「ちょっと貸してあげて」と自分の子どもを促すのですが、泣いてこちらの言うことを聞き入れてくれません。

公共の場での、子どものおもちゃの取り合いはよく見られる光景ですね。

そしてこの相談のように、いつか自分の子どもが他の子どもに怪我をさせてしまうのではないかと心配している、というのもよく受ける相談です。

このような悩みを抱えている親御さんの中には、お子さんを公共の場で遊ばせることに抵抗を感じてしまっている方もいらっしゃるかもしれませんね。

ですが、子どもは他の子どもと一緒に遊んだり、おもちゃを我慢しなければならないような場面に出会うことで、ことばや社会性、自分の気持ちのコントロールの仕方を身につけていくことができます。

自分の気持ちをコントロールして「貸して」「待って」「順番」「後で」などの自分の要求を伝える要求言語を覚えることができます。また、自分のおもちゃ、他の子どものおもちゃ、公共の場にある皆のおもちゃ、という品物の所有関係を学ぶことで、社会性を身につけていくことができます。

ですから、むやみに子どもを公共の場に連れて行かないようにするという解決策はおススメできません。

ただし、他の子どもに危害を加えないようにすることは重要です。

特に、自分の気持ちを「順番」「待って」「後でね」とことばでまだ表現できない月齢の子どもは、つい身体で自分の気持ちを表現してしまいがちです。

手を出してしまうお子さんは、自分の物を守りたいので、必死になってしまい、そのような行動に出てしまいます。そんな**気持ちを分かってあげながら、その子を、子ども社会に適応できるように親御さんが方向づけてあげる必要がありますね。**

チェックポイント

1．大人に「ちょうだい」と言われたら、自分の持っている物を渡す、もしくは、渡したがらない態度をとるが、「ちょうだい」や「イヤ」と自分では言えない。こちらの言っていることは、80～90％分かっているようだが、自分の気持ちを言うことばはまだ言えない。

↓対策①　108ページ

2．大人に「ちょうだい」と言われたら、自分の持っている物を渡すときもあるが、渡さないときもある。こちらの言っていることは、50％くらい分かっているようだ。

↓対策②　110ページ

3．大人に「ちょうだい」と言われても、その意味が分かっていないようで、そう言われたことを気にせず、おもちゃなどを持ったままでいる。こちらの言っていることは、ほとんど理解していないようだ。

↓対策③　111ページ

対策①「ちょうだい」と言われたら渡すことができる場合

80〜90%大人の言うことを分かっているようなら、あとは話せるようになるだけですね。

言っていることが分かることばを「理解言語《りかいげんご》」といいますが、こころの中にたくさんの「理解言語」ができると、こちらの言っていることの意味が分かっています。

「理解言語」ができていて、こちらの話している意味が分かるけれども話さない子どもの多くは、何と言えばいいのか分からない、どんな場面で言えばいいのかが分からないので、なかなか話すことができません。

そのような子どもに対しては、**親御さんは、どんな場面の時に何と言えばいいのかを伝えるつもりで、その場その場に応じたことばを子どもの代わりに言うように心がけましょう。**子どもは、親御さんが言うことばを聞いて、こんな時はこんな風に言えばいいんだ、と少しずつ理解していきます。こうすることで、話しことばになる前の段階の「理解言語」を育てていくことができます。

理解言語を育むポイントは、できるだけ同じような場面では同じことばを使って、状況とことばが一致しやすくなるようにすることです。そのことばもできるだけ短いことばで言います。「ちょうだい」「待って」「後で」「順番」は、子どもの記憶に残りやすいし、言いやすいことばです。

しかし、子どももそのような場面に出くわしてもすぐに言えるわけではないので、親御さんは、子どもの横で、「ちょうだい、って言うのよ。ちょうだい」とその場に合うことばを言って、手を出すように促しましょう。

「ちょうだい」と言った物を相手が渡してくれるかは時と場合によりますが、「ちょうだい」のことばに応じて手を出せたらそのことを褒めてあげましょう。そうすることで叩いたり、引っかいたり、突いたりという身体での表現ではなく、手を出して相手に伝える方法を覚えていけるように促してあげることができます。

また、叩いたり、引っかいたり、突いたりというように、**身体でしか表現できない子どもには、短いことばで気持ちを言えるようにしてあげること、その場に合うジェスチャーを教えてあげることと同時に、そのようなことはしてはいけない、という社会のルールを教えてあげることが必要になります。**

「叩きません」「引っかきません」「突きません」という「○○しません」という言い方で注意して、相手がどんな気持ちになるのかも言っておくといいですね。

まだ月齢が小さいから相手の気持ちなんて分からないだろう、と思って言わないのは良くありません。子どもは、言われる経験を積み重ねて理解していきます。ですから、その際は、「○○ちゃん、イタイイタイよ」と、相手の気持ちについても短いことばで言ってあげると分かりやすくなりますね。

対策② 渡すことができるときとできないときがある場合

大人の言っていることが半分くらい分かっているようなら、**分かってできたことを褒めて、できなかったことは残念そうにしながら、できるように促してあげるといいですね。**

「ちょうだい」と言われて渡せたときは、「ありがとう」と言いながら褒めて、「ちょうだい」と言っても渡せなかった時には、子どもの持っている物を親御さんの手に置くように促して、手の上に置けたら「ありがとう」と言ってできたことを褒めてあげましょう。

その時、**できなくても良し、とするのではなく、1回でも親御さんが手伝って成功体験をさせてあげる方が、喜びや達成感を経験できていいですね。**

また、対策①でも書きましたが、「理解言語《りかいげんご》」と「表出言語《ひょうしゅつげんご》」（１１２ページも参考にしてください）を促すことに加えて、社会的ルールも短いことばで伝えておくといいでしょう。

対策③「ちょうだい」と言われても渡すことができない場合

日常でもこちらの言っていることが分からないようなら、子ども同士の物のやり取りは難しいですね。そのため、本人は、他の子に自分が持っている物を取られそうになったら、身体で阻止するしかないのでしょう。

このように相手の言っていることが分からず、自分の言いたいことも言えない子どもの場合、これからもこのような場面に度々あうと思います。

ことばが分からない状態がしばらく続くので今後の対策としては、場面に合ったジェスチャーをことばと一緒にできるようにしてあげるといいですね。**その場に応じた身体の動きや表現を覚えることで自分の気持ちを表せるようにしてあげましょう。**

この相談のケースについては、次の「ことばについての豆知識」も参考にしてください。

ことばについての豆知識

親御さんのちょっとした知識と配慮が子どものことばの発達を助けます。

ここでは、どの親御さんにも共通して知っておいていただきたい、子どものことばの習得と様々な事象を、相談に対する回答ではなくコラム形式でお話しします。

ことばの習得は単語から

ことばには**「理解言語《りかいげんご》」**と**「表出言語《ひょうしゅつげんご》」**というものがあり、「理解言語」はこちらの言ったことが分かっている、理解していることば、「表出言語」は実際に話すことができることばのことです。私たちが話すことばの発達は、相手から言われたことが分かる「理解言語」ができるようになったあと、次に「表出言語」、つまり、「話す」ことができるようになる、という順番をたどります。

思い出してみてください。私たちが子どもの頃に英語を習ったときのことです。単語を覚えて、文法を覚えて、文章を覚えて、少しずつ文章が言えるようになってきたと思います。ヒアリングテストでは、英文の始めの方を忘れた、とか、最後の単語しか聞き取れなかった、といった経験もあるかと思います。

次に、想像してみてください。あなたは、文法もそれなりにできるようになった学年で、ある日、外国人の方に道を尋ねられました。あなたは思います。

「あーあ、言ってることは分かるんだけど、私はこんな時、何て言ったらいいのかな」

このあなたの気持ちと立場が、だいたい1歳5、6か月くらいのお子さんの状況になります。

「ママの（パパの）言ってることは分かるんだけど、僕は（私は）、何て言ったらいいのかな……」

このような子どもの気持ちを考えてあげると、大人はこれから子どもにどうしてあげればいいのかを想像できると思います。

相手の言っていることが分かる段階を**「理解言語の段階」**、しゃべれる段階を**「表出言語**

の段階」とすると、「理解言語の段階」から「表出言語の段階」に移行するためには、子どもが「理解言語」をたくさん心の中に作っていけるように、周囲の大人がたくさん話し掛けて単語を教えてあげる必要があると分かります。

大人が単語を使って話すことで、子どもは、「これはこんな風に言うんだ」、「こんな名前なんだ」ということを分かるようになります。

子どもが覚えやすいように、**物の名前であれば、呼び方を統一して、何回も聞かせていくことをお勧めします。**例えば、電車ならば、「電車」「新幹線」「ガタンゴトン」と毎回違う呼び方を使用するのではなく、始めは全て「でんしゃ」と言う方が良いでしょう。

ことばの習得は好きな物から

相談の中でも述べましたが、**ことばは、子どもの好きな物から覚えるようにした方が良いでしょう。**私たち大人も、何か聞きたいときには、気持ちも体も前傾姿勢になると思います。子どももそうです。子どもにとって好きな物や興味のある物の方が、心に留まりやすく、覚えやすくなります。

もしも、子どもが好きな物を持っていたら、「〇〇持ってるの」「〇〇いいね」「この〇〇ちょうだい」などと、ことば掛けをし、持っている物が何かを強調して話し掛けます。

また、子どもが好きな食べ物があれば、「〇〇食べようか」「〇〇おいしいね」と子どもの好きな物の名前を繰り返して強調して言います。子どもが好きな物を持っていることや食べること、そして**親御さんとの良い関係は、子どもにとってはとても心地の良い状況です。子どもにとって楽しい環境の中でことばを知り、覚えるようにしてあげましょう。**

聴覚記憶と叱り方

子どもにとって言われたことを全て覚えておくことは、難しいものです。

大人でも長い文章を言われて、それをしっかりと覚えて繰り返し同じことを言えるかというと、得意な方もいらっしゃるかもしれませんが、難しいと思う人の方が多いでしょう。

子どもも、長い文章は覚えにくいのです。そのため、大人から長い文章のように話されても、前半の部分は記憶に残りにくく、後半の部分の方が残りやすくなります。

このように考えると、**子どもは、大人が一生懸命に長々と説明をしても、その説明の前半は記憶に残りにくく、後半に言われたことばの方が記憶されやすい**ということが理解できるでしょう。

つまり、大人がことばを尽くして説明しても、子どもによっては何を言われているのか分かっていない可能性があります。それどころか、親が口ぐせで最後に、「もうダメな子ね」と言っていたら、「ダメな子」ということばを1番覚えていることになります。叱っているので親御さんの声色は怖くなっているでしょうし、子どもは自分を否定されたような気持ちになってしまいます。

叱り方は様々で、それぞれ家庭のルールがあって、悪いとされる出来事も違うと思いますが、**叱るときにはできるだけ、長い説明をせずに、短いことばで伝えた方が良いです。**

例えば、机に上がる子ならば、「机には上がりません、お椅子に座ります」と言います。それができたら、「座れたね。おりこうさん」などと褒めてあげましょう。

「ダメな子」と、子ども自身を否定するようなことばで終わらないように心がけましょう。

『選ぶ』ことからことばの習得

指さしもことばの1つです。

特に、「どっち?」と聞かれて「こっち」と指をさして選ぶとき、「こっち」とことばで言わなくても指をさすだけで意思疎通ができます。まだことばで表せない子どもにとって、指さしで自分の欲しい物が選べることは大切なコミュニケーションの1つになります。

例えば、プリンとゼリーを見せて、「どっちがいい?」と聞くと子どもはどちらとも決め難く迷ってしまいます。しかし、極端ですが、きゅうりとプリンを見せて「どっちがいい?」と聞くと、子どもは自然と「プリン」を選んで指をさすでしょう。

指をさすと選んだ物がもらえる。「指さしの意味は、選ぶことだ」ということと、「こんな嬉しい結果がくる」ということから始めると、子どもは、指さしでのコミュニケーションを「楽しい」と思ってするようになります。**ことばでのコミュニケーションが難しい子どもには、このようにことばの代わりになる方法を考えてあげましょう。**そうすると、大人も子どももお互いに分かりやすく一緒に過ごしやすくなります。

しかし、「どっちがいい?」と聞いても指さしをせず、すぐにプリンをとってしまうかもしれません。その場合、もう一度子どもからプリンをもらって、「はい、プリンどうぞ」と親御さんが言ってから渡します。

子どもが好きなように自由に取ってしまうよりも、親御さんの許可のことば「はい、○○どうぞ」の後に子どもが続くことで、他者に合わせる心が養なわれます。

しかし、指さしをせずにプリンを取ってしまったら、子どもは指さしの経験ができませんね。そこで、次回は、テーブルに選ぶ物を置いて、親御さんが、指さしをしながら、「プリンときゅうり、どっちがいい?」「こっち? それともこっち?」と聞くようにしましょう。子どもはもちろんプリンを取ろうとするので、親御さんは子どもの手をとって「こっち」と言いながら、指さし行動をさせます。

親御さんがしていることを見て勝手に真似をすることができる子もいますが、子どもによっては、親御さんが、子どもの手を取って、どのように指さしをしたらいいのかを教えてあげる必要がある場合もあります。子どもの個性に合わせて、親御さんが「指さしでの選び方」を教えなければなりません。

「いや、いや期」の叱り方とことばの習得

子どもが「いや、いや」とばかり言う「いやいや期」は、だいたい2歳くらいに始まります。この時期は大人が何を言っても子どもは「いや」と言います。

この「いや」というのは、子どもの意思の芽生えです。子どもが自分の意見を持ち始めた発達の証《あかし》です。この反抗期は、親御さんも子どものときに多少なりとも通ってきた道です。将来、子どもが自分の意見や考えを持った大人に成長していくために、大切な時期です。

しかし、子どもが自分の意見や考えを持ち始めた成長を喜ばしいと思う気持ちとは裏腹に、親御さんはこの「いや、いや」にとても困ってしまいますよね。

何を言っても「いや」なので、お手上げになって、子どもを叱りつけたり、子どもをそのまま「いや」と言わせておいて、言わなくなるのを待ったりしてしまうこともあるかもしれません。しかし、これは子どもにとってはかわいそうな対処です。

それでは、「いやいや期」にはどのように対処すればいいのでしょうか？

子どもが「いや」を言い始めたら、親御さんは「もう知りません」「勝手にしなさい」と言って叱るのではなく、**できるだけ子どもに何か選択させて解決するようにしてあげましょ**

う。例えば、今日着る服がいやと言うならば、親御さんが、2着か3着用意しておいて、子どもにどれにするのか選ばせます。

子どもが、自分で選んで意思決定することが大切です。なぜなら、子ども自身が選ぶことで、子どもは自分の意見が尊重されたと感じるからです。

しかしながら、選ぶことも「いや」という場合があります。そのような場合は、「いやなら選ばなくてもいいよ」と言って、子どもの気持ちが落ち着くまでそばで待ってあげるか、「○○ちゃんが決めるまで、向うのお部屋で待ってるね」などと言い、子どもの意思を尊重して待っていることを伝えます。これは、子どもをそのままにするのとは違います。

さらに、「向うの部屋で待ってるね」と親御さんが言っても、それさえも「いや」と言う子どももいます。そのような場合は、「10数えて決められなかったら、こっちにしようね」と言って、親御さんが「10・9・8・7……」とカウントダウンします。カウントダウンしても決められなかったら「ああ、決まらなかったね。今度、○○ちゃんが、決めようね」と言って親御さんが決定してもいいでしょう。ただし、次回はお子さんが自分で決められるという見通しを言ってあげましょう。

単語の長さとことばの習得

例えば、親御さんの呼び方はその家族によって異なりますよね。「パパ、ママ」または「お父さん、お母さん」など。

子どもの記憶力から考えると、「パパ、ママ」の方が短い単語なので覚えやすく、「お父さん、お母さん」は単語としては長いので覚えにくいです。

これは、覚えにくい「呼び方」を使わない方が良いというのではありません。「子どもが、お父さん、お母さん、と呼んでくれない」と嘆くのではなく、子どもが自分を呼んでくれるようになるまでには、少し時間を要することを心づもりしておいた方が良いということです。

また、子どもによっては「パパ、ママ」、特に、「パパ」は言うのに、いつも一緒に居る「ママ」を言ってくれない、という悩みを持つお母さんもいます。

しかし、それはもしかすると、ママが、パパに向かって「パパ」と呼びかけることが多く、パパは、「ママ」とあまり呼びかけていないのかもしれません。そのような場合は、「パパ」、「ママ」、「○○ちゃん」と呼び合い、お互いに返事をして、誰が誰なのかをはっきりと言うようにするのもいいでしょう。

このように、**単語の長さについては、聴覚記憶《ちょうかくきおく》が大きく関わっています。子どもによっては長い単語の場合最初の語を覚えていないこともあります。**「ありがとう」の「とう」しか言わなかったりするのも、聴覚記憶がまだ未熟だからです。

もしも、子どもが、「とう」だけ言えたら、「そう、ありがとう」と親御さんが正しく言い、子どもには、「よく言えたね」と言ってあげましょう。

子どもに言い直させるのではなく、親御さんが正しいことばで話し掛けることで、子どもはそれを聞いて次第に言えるようになります。ですから焦らずに、子どもがことばを発しているることを尊重しましょう。

また、2歳までの子どもの発音は、母音の「あいうえお」、「ま、ぱ、ば、や、ゆ、よ、わ、ん」が言いやすい音としてあげられます。その点から考えると、2歳までの子どもが「おとうさん」「おかあさん」というのはやはり難しいでしょう。

そのため、親御さんも「色々な発音ができる3歳くらいになるまで待とう」と心にゆとりを持って、子どもに「おとうさん」「おかあさん」と聞かせることを重視し、「理解言語」を増やすことに注意を払ってもいいでしょう。

名前の呼び方について

子ども自身の呼称についてです。

子どもは、小さい時には、「○○ちゃん」と皆に呼ばれているので、「お名前は？」と聞かれると、自分のことを「○○ちゃん」と言ったり、「○○」と名前だけを言ったりします。

しかし、3歳を過ぎると社会性を身につけていく年齢になっています。いつまでも「○○ちゃん」と自分のことを呼ぶのは避けた方が良いでしょう。

この年齢になったら、「お名前は？」と聞かれるたら、「○○、○○」と姓名を状況に応じて言えるように日ごろから大人が促していきましょう。

ことばと脳と利き手の関係

右手と左脳、左手と右脳はつながっています。ここでは、脳の働きと利き手の関係、さらには利き手とことばの関係について話をします。

左脳には、言語野というものがあります。これは、言語に関係にする部分です。右手を使うと、左脳とつながっているので、左脳に作用することになります。左脳へ作用するということは、言語野に刺激を与えていることになります。

子どもは初めは両手で物を持つことがほとんどですが、少しずつ右か左を使う傾向が見られてきます。そのような様子が見られたら、**親御さんは、子どもがより使っている手の方に物を渡すなどして、利き手を決めてあげた方が良いでしょう。**この配慮は、左脳の言語野を刺激し、ことばの発達にも良い影響を与えます。

これは、左利きの子どもよりも右利きの子どもの方が早く話すようになる、という意味ではありません。自分でスプーンを持ったり、人から物を渡される時など、利き手が決まらず両手を使っていると、脳が「今はどっちの手を使うの?」と、いつも迷ってしまうことになります。「今は、右手で持って、次は、左で持って……、次も左で持って……」という脳の迷いがことばの発達にも影響を与えるだろうと考えられるのです。

子どもがお箸を持ったり、クレヨンを持ったりし始めたときは、左手でも、右手でも、できる限りその子の利き手となる方に持たせた方が良いでしょう。

利き手を決めて、脳の迷いをなくしてあげることで、ことばの発達にも良い影響がでます。

第2章
からだの発達について

この章では、からだの発達についてお話しします。

子どもは生まれてからだいたい１年くらいの間に寝返り、ハイハイ、お座り、立っちなど、あらゆる活動ができるようになります。

ベッドで寝てばかりいた時期を終了して世界を少しずつ広げていきます。

しかし、世界を広げることは子ども１人ではできません。

その時に応じた大人の手助けが必要です。

私たち大人も子どもの頃は、大人からの笑顔、温かいまなざし、声援、拍手や抱擁などで励まされて大きくなりました。

子どもの成長には、〝大人の激励〟という栄養素が必要なのです。

相談8

対象年齢：4か月～7か月
キーワード：寝返りをしない

生後6か月です。寝返りをしないのが心配です。

相談例1　**仰向けからうつ伏せになることができない**

仰向けに寝かせ、寝返りをしてもらおうとおもちゃを横に置きますが、見るだけで取ろうとすることもなく、そのまま上を向いて過ごしています。かといって、うつ伏せにすると、すぐに仰向けになります。仰向けからうつ伏せになることができないみたいです。

相談例2　**うつ伏せから仰向けになれない**

いつも仰向けでいます。寝返りをしてほしいので、うつ伏せに寝させます。そのままご機嫌良く遊んでいるのですが、しばらくすると泣き始め、そのうち床に顔を伏せて泣いて

しまいます。自分では仰向けになれないみたいです。

一般的に、寝返りを始める目安は、生後5～6か月になっていますが、寝返りをする、しないにも個人差があります。早ければ、生後4～5か月で寝返りをする子どももいれば、少しゆっくりしていて、寝返りに時間がかかってしまう子どももいます。

「7か月の投げ尻」「7か月の投げ座り」ということばがあるくらい、7か月頃になると多くの子どもはお座りをし始めるので、生後7～8か月頃に寝返りをしていないと親御さんも心配になると思います。

また、相談例のパターンのように、寝返りには、仰向けに寝ているけれど、自分の意思でコロンと寝返ってうつ伏せになるか、もしくは、うつ伏せから自分の意思でコロンとひっくり返って仰向けになるという、2つのパターンがあります。これも、両方できる子もいれば、なかなか片方しかできない子もいます。

どちらをしなくても、親御さんは心配になるものですよね。そして、個人差があると分かっていても、親御さんは、一旦、子どもが寝返りをしないことが気になり始めると、そのことで頭がいっぱいになってしまうようですね。

さらに心配が募ると、子どもとの関わりよりも、「この子は、何か発達に問題があるのではないかしら」、「誰かにこのことを相談するべきかしら」、「誰に聞いてもらったらいいのかな」などと、悩みのスパイラルに陥ってしまうこともあるようです。

でも、まだお子さんが6か月くらいならば、「なぜ、この子は寝返りをしないの」と悩むよりも、**「まだ、この子は寝返りをする準備中なのだ」と思いなおして、その子の状況と好みに合った遊びを一緒に楽しむことも大切です。**

ただし、個人差があるとはいえ、子どもの今後の成長発達を考えると、遅くとも7～8か月くらいまでには寝返りができていることが望ましいです。

もしも、その時期になっても寝返りができなくて不安に思うのならば、専門家に早めに相談された方が良いでしょう。

寝返りをうつためには、身体の全体的な発達が必要になります。頭を上げるための筋肉や、体幹《たいかん》、上肢《じょうし》、下肢《かし》の筋肉の発達など、身体全体が寝返りをする準備ができていなければ寝返りはうてません。

例えば、子どもを仰向けに寝かせていると、自分の手で膝を触ったり、自分の顔の近くまで両足を上げて、その両足を持つような動きをしたり、両足をピンピンと上に蹴るように動かしたりします。このような動きや身のこなしは、体幹をはじめ、身体全体の筋肉がしっかりとしてきていなければできません。

うつ伏せにしたときも、最初の頃は頭を上に上げ、前を見て両肘で身体を支えて胸を張っていたのが、身体が発達してくると少しずつ片肘でも身体を支えられるようになっていく様子が見られます。

寝返りができるようになるためには、身体の発達を助けて、先ほど上げた両脚を上げたりといった動きができるようにしてあげる必要があります。

身体的に重篤《じゅうとく》な問題がない限り、親御さんが一緒に遊んで関わることで、ずいぶんと子どもの動きの変化は見られるものです。

本書では寝返りを「仰向けからの寝返り」と「うつ伏せからの寝返り」の２つに分けて、どんな点を意識して子どもと遊ぶといいのかをお話しします。

仰向けからの寝返りを促す遊びの具体例

子どもを仰向けに寝かせましょう。

親御さんは上からその子の好きなおもちゃを手が届くところまで垂らすようにして、その子がそれを握りたがるくらいまで近づけます。その子ができるだけ、腕を上に伸ばして握れるようにおもちゃの位置を考えましょう。

子どもがおもちゃを握ることができたら、大人は少しおもちゃを引っ張り上げ、子どももそれを一緒に引っ張れるようにします。そうしてしばらく引っ張り合って遊びます。

次に、おもちゃを別の物に変え、今度は、左右どちらでもいいので子どもの横から見せるようにします。

もちろん、子どもは、楽しい方向を見たいので、そちらを向こうとしますね。

子どもが、おもちゃの方向に首を向けて、手を伸ばして引っ張ろうとしたら、そのまま取らせてあげましょう。

子どもが取った時には、大人は「やった〜。取れたね」などと言いながら、目を大きく開いて、笑顔で子どもの目を見ます。

子どもは、おもちゃをつかんだり、捕まえたりするおもしろさと、親御さんの表情を楽しみたいと思うので、積極的に自分の身体の向きをおもちゃのある方向に変えようとするようになります。

このように、子どもが自ずとおもちゃや好きな物の方を向いてしまうように促してあげることが、子どもにとっては無理なく身体を左右に向き変える方法の１つになります。

子どもに、「楽しいからこっちが見たい」と思わせる遊びをしてあげることが、寝返りにつながっていくのです。

うつ伏せからの寝返りを促す遊びの具体例

うつ伏せに寝ると、子どもによっては苦しいと感じる場合があります。そのような子にとっては、仰向けに寝ていることが楽だし、それに慣れているので、慣れないうつ伏せ寝は、よけいに胸が押さえられて苦しくなってしまいます。

うつ伏せになると苦しいと思うと子どもは、うつ伏せにさせようとしただけで、泣いていやがることも少なくありません。そのようなことにならないためにも、子どもの様子を気にしながら、うつ伏せ寝をさせる時間の長さを調整しましょう。

うつ伏せにしている間は、子どもの目の前に好きなおもちゃを置いて右に左に動かして、遊んであげます。うつ伏せ寝が苦しそうになったらもちろんやめますが、おもちゃの動きを楽しんで、その楽しさでうつ伏せ寝の苦しさが気にならないように遊べるといいですね。

このようにしてうつ伏せに慣れたら、子どもが手の届くくらいの高さで、おもちゃを宙に浮かしてあげましょう。何よりも、子どもの好きなおもちゃを用意するといいでしょう。

その子はそのおもちゃが欲しいので、手を伸ばして取ろうとします。その時、おもちゃをつかませてあげて、そのまま、親御さんがその子の背中を支えながら、仰向けにします。その時、「コロン」や「ゴロン」などと言いながら、子どもを仰向けにすると、子どもも楽しいでしょう。

仰向けになったところで、子どもは、親御さんの顔を見るので、その時は、「ばーあ」や「〜ちゃん！」「○○取れたね！」と名前を読んで、おもちゃなどを取れたことを褒めます。

「うつ伏せから、仰向けになるとこんなに楽しい」と子どもが励みに思うことが、次の寝返りにつながります。

相談9

対象年齢：6か月〜9か月
キーワード：ハイハイをしない

生後8か月ですが、ハイハイをしないのが心配です。

相談例1 **ハイハイはできないがずり這《ば》いは積極的に行う**

ずり這いはしますが、ハイハイをしません。親が、「おいで」と言うと一生懸命にずり這いで進んできます。

相談例2 **ハイハイもできないしずり這いもあまり積極的ではない**

ずり這いをしますが、そんなにもともと活発な子ではないので、ずり這いでもそんなに動きませんし、ハイハイはまだしそうにありません。

ハイハイもする時期に個人差があるといわれる発達の1つです。

しかし、この時期の親御さんは、子どもがハイハイをするかしないかという、心配の種を作ってしまいがちですね。例えば、子どもがハイハイをする月齢は、だいたい8か月前後が目安になっているのですが、子どもによっては、生後6、7か月にハイハイをしている子もいます。自分の子どもと同じくらいの月齢の子どもが、お座りをしてそのまま前に屈《かが》み、床に手をついて進んでいくのを見て、「うちの子のハイハイは、ちょっと遅いかもしれない」と心配になったり、落ち込んでしまう方もいるでしょう。

ハイハイの場合、月齢の目安と共に、その子どもは身体面の理由でハイハイをしないのか、それとも認知面的にハイハイをしないのか、を見る必要があります。

「身体面でハイハイをしない」というのは、うつ伏せになって、ずり這いはするけれども、腕の筋肉の柔らかさから身体が支えられず、ハイハイの体勢になれない、という状態です。

また、「認知面的にハイハイをするか、しないか」という意味は、うつ伏せになっても、特に周囲の物に興味関心が向かなかったり、前方で呼びかける親の方を見ることがないために動かない、という状態です。

ここでは、この2つの面からハイハイを促す遊び方を提案します。

ハイハイを促す遊びの具体例（身体面）

子どもをうつ伏せ寝の体勢にした状態で様子を見てみましょう。

子どもは、周囲の人やおもちゃなどに興味や関心を向けていますか？

興味関心はあってそちらを見ているけれど、その割に、前に進もうとしなかったり、すぐに腕で身体を支えることをやめて、ペタンと床に胸を付けたりしていませんか？

もし、**目の前に見せられた物に興味があるのになかなか前に進もうとしない印象があったり、途中であきらめて進もうとする気配がなくなるようなら、その子はまだハイハイをするために身体の準備をしている可能性が大きいですね。**

そんな時期は、「ハイハイを早くしてほしいのに」と思うのではなくて、もっとずり這いで前進することを楽しみましょう。また、ハイハイをするために、しっかりと身体を支える腕や足腰の準備を親御さんと一緒にしていくことがいいですね。前方にある物をつかんで取ったりするといった身体を支える腕の発達や、前進するときの足の筋肉や身のこなしかたを促すことなど、身体全体の発達促進を目標にしてみましょう。

認知面でハイハイしない場合と比べて、子どもは周囲への興味関心が高い場合が多いので、**興味関心がさらにでるような働きかけを周囲の大人は心がけてあげるといいでしょう。**

前に置かれた物に興味があったり、親御さんが子どもの前に座って呼びかけると、親御さんの方に向かって進みたいという気配が見られるようなら、子どもの興味のある物や親御さん自身をハイハイのゴールにしてあげるといいですね。

例えば、うつ伏せになった子どもの前で、親御さんがおもちゃを持って微笑みかけながら子どもを誘います。おもちゃを子どもが少し指先で触れられるくらいの距離において、子どもが取ろうとする頑張りを笑顔と声で励まします。

子どもがおもちゃを取れたら褒めます。そしてまた同じおもちゃか違うおもちゃで誘って、取れる場所に置いて取らせてあげて、取れたことを子どもと一緒に喜びます。

その次もおもちゃを子どもの前に置き直しますが、前回よりも少し取るのを難しくします。例えば少し距離を伸ばします。もしも、取れないようなら、応援して頑張らせてあげますが、それでも取れないようなら、「がんばっても取れない」と子どもが諦めてしまう前に、取れる位置に置き換えてあげましょう。

失敗が重なると子どももやる気がなくなってしまいます。子どもが「取れない」「できない」と思うような失敗は2回までにしてあげましょう。そして、3回目には「取れた」「できた」という成功を経験させてあげます。その方が、「またやりたい」「またやってほしい」「次もできるよ」という次への希望と自信につながるからです。

また、うつ伏せ寝になって遊ぶだけでなく、仰向けで遊ぶことも大切です。なぜなら、うつ伏せの体勢が辛いと思う子どももいるからです。うつ伏せの状態が辛いと、遊びも楽しいものにならないので、もしうつ伏せで遊ぼうとするなら、子どもが苦しそうにならない程度の時間で遊んであげましょう。

子どもの、前に進んでおもちゃを取りたい、という気持ちを掻き立てながら、取れたときの嬉しい気持ちや楽しい気持ちが強くて身体の疲れを忘れてしまえるくらいに遊んであげるといいですね。

親御さんの中には、「長い間遊んだりできないわ」と思う人もいるかと思いますが、1日10分でも20分でも集中して遊んでみてください。遊んでいるときは、他の用事のことは忘れて、子どもとの遊びに集中してみましょう。

掃除、洗濯は明日でもできますが、日に日に成長する子どもとの時間は戻ってきません。その日のうちにできるだけ関わって遊ぶ時間をつくってくださいね。

ハイハイを促す遊びの具体例（認知面）

子どもは、周囲の人やおもちゃなどに興味関心があるようですか、それとも特にないようですか？

おもちゃなどへの興味関心、好奇心があるかないかもハイハイをする、しないに関係します。身体面でハイハイをしない場合と比べると、周囲に興味関心がないために動こうとしないタイプの子どもには、おもしろい、楽しいという感情をたくさん経験してもらうことで周囲への興味関心を持つように促すことが大切です。

また、**何が好きなのか、何に興味があるのかを親御さんが探して見つけてあげることも必要になります。**子どもは、興味関心のある物が見つかれば、好奇心に駆られてそれが欲しくなって、前に進みたくなります。

もし、まだ興味関心のある物が見つかっていないようでしたら、親御さんは、子どもが気に入りそうな物を探したり、新しいおもちゃであれば、このおもちゃはこんな風に遊ぶ物で、こんなに面白いものなのよ、ということを、子どもに知らせることが大切です。子どもと一緒におもちゃなどで遊んで、子どもの好奇心を目覚めさせてあげましょう。

つまり、認知面でハイハイできない子どものハイハイの始まりやきっかけは、親御さんが遊びやおもちゃなどの面白さを伝えることです。**子どもが、遊びやおもちゃの面白さを知り、それがしたいとか、欲しいと思って、つい手を伸ばして進もうとしてしまうことが、ずり這いをたくさんして、身体を鍛え、ついにはハイハイにつながっていきます。**

また、親御さんが子どもによく呼びかけることも大切ですね。子どもによっては、親の呼びかけが自分への呼びかけだ、ということに気付いていない場合もあります。親に呼びかけられて、そちらを向いたら親が微笑んでくれた、気持ちが良くなった、というような快の気持ちを経験することで、子どもは、呼びかけられるとそちらを向くという行動ができるようになります。

また、1日のうち、10分でも20分でも、子どもと、家事のことは考えずに集中して遊んでみてください。遊びは、子どもにとって周囲の人や物とをつなぎ、世界を広げ、子どもの様々な成長を促がす役割を果たしています。

相談10

対象年齢：9か月〜1歳
キーワード：つかまり立ちをしない

10か月の男児です。この月齢なのに、つかまり立ちをしません。

相談例

10か月になりますが、つかまり立ちができません。子どもに立ってもらおうと、低いテーブルの縁を持たせて立たせたり、私がこの子の身体を支えて立たせますが、すぐにしゃがんで座ってしまいます。

自分の子どもよりも月齢の小さい子どもがつかまり立ちをしているのを見ると、親御さんはわが子の発達はゆっくりしているのではと心配になりますね。親御さんだけでなく、ご家

族も心配されますよね。そして、心配なのにどうすればいいのか分からないという悩みを抱え、子どもに立ってほしい、という気持ちばかりが強くなってしまうようですね。

「つかまらせ立ち」は、発達検査の7か月から8か月の検査項目に登場します。この月齢では、大人がつかまらせると、子どもはテーブルなどを支えに立つことができます。

次の段階には、子どもが自分でつかまり立ち上がることができる「つかまり立ち」があります。この検査項目は、「つかまり立ちあがる」という項目で、9か月から10か月の目安で、四つ這い、座るなどの動作もこの月齢に相当しています。あなたのお子さんが10か月ならば、つたい歩きが検査項目にあるので、このような目安から考えると、10か月でまだつかまり立ちをしないというのは、発達のペースとしては少し気になりますね。

ですが、そこまで心配しなくても大丈夫です。

お子さんがつかまり立ちの前の段階の行動、例えばハイハイなどをしているのでしたら、今はお子さんにとってつかまり立ちをするための準備期間です。この準備期間の長さは、それぞれ子どもの筋肉の張りや強さ、身体的な違いにも関係しています。筋肉が比較的やわらかい子どもの場合、立つことが不安であったり、立つと疲れやすかったりするので、筋肉が強い子どもよりも長い準備期間が必要になります。

子どもがなかなか立つそぶりを見せない場合、親御さんは大抵、子どものわきの下を持つか、また、何かにもたれかけさせて立たせようとします。しかし、筋肉のつき方が比較的やわらかい子どもにとっては、立ってバランスを取ることは難しく、疲れたり、立っていられるかどうかが不安になってしまったりします。そのために、相談のお子さんのようにすぐにしゃがみこんで座ってしまうのです。

つかまり立ちの準備を行うための対策

では、つかまり立ちができるようになるまでの準備期間が長めに必要なお子さんに対して、親御さんはどうすればいいのでしょうか。それは、**つかまり立ちをする前の段階の状態を、一緒にしっかりと遊んであげて、その時間を楽しむことです。**

「そんな、つかまり立ちができない状況を楽しむなんて……」、と少し抵抗があるかもしれませんが、発達は、それぞれの前の段階が、次の発達段階のための準備期間になっています。

準備期間を大切にして、子どもと一生懸命に遊ぶことが次の段階に進む際に重要になるのです。

例えば、ハイハイをすると、足腰、腕、体幹《たいかん》などに刺激が入って、筋肉の発達にとても役立ちます。ハイハイも、ゆっくりしたハイハイから高速ハイハイなど、バリエーションがありますし、敷布団を丸めて山を作って、その山を一緒に登って下りてみたりと、ハイハイをする高さや傾斜を変えてみるのもおもしろいでしょう。

また、小さな段ボール箱をトンネルに見立てて、短いトンネルを作って潜らせたり、親御さんがハイハイをしながら、子どもさんとハイハイで追いかけっこなどをしてもいいでしょう。そのような些細《ささい》な遊び方の違いでも、子どもにとっては大きな違いになって、おもしろい遊び方になります。**しっかりハイハイをして足腰を強くしたり、背中を伸ばして座った状態で遊んだりして、身体の筋肉に働きかけていこうと意識して遊ぶといいですね。**

しかし、中には、筋肉や関節に負担をかけてはいけない問題を持っている子どももいるかもしれません。例えば、ダウン症のお子さんは、筋肉がとてもやわらかい傾向があります。筋肉に働きかけて筋力をつけることも大切ですが、あまりやりすぎると負担が大きくなります。また、見るからにハイハイをすることが辛そう、疲れやすいというお子さんについては、特に身体的な問題の専門のドクターに相談することをお勧めします。

相談11

対象年齢：1歳〜1歳半
キーワード：1人で歩かない

1歳を過ぎました。つかまり立ちで歩きますが、まだ1人で歩かないので心配です。

相談例

1歳を過ぎたのに、まだ、つかまり立ちで歩くだけなので心配です。親が両手を持って歩かせ、ちょっと手を放してみますが、歩こうとしません。むしろ、床に両手をついて座ってしまいます。1人で立っちするのを怖がっていると思います。このようなことで、本当に歩けるようになるのか心配です。

現在つかまり立ちで歩いているのなら、それは1人で歩けるようになるまでの準備期間だ

と判断できます。子どもの足の裏を見ると準備中の意味が分かりますよ。

足の裏の土踏まずとその周囲の筋肉を見てみましょう。土踏まずはできていますか？

土踏まずは、そこが引っ込むからできるのではなく、土踏まずの周囲の筋肉が歩くことで鍛えられた結果盛り上がり、土踏まずが引っ込んだようになってくるのです。土踏まずは身体のバランスをとる役割を果たすので、何にもつかまらずに歩けるようになるためには、まずこの土踏まずがつくられる必要があります。

ですから、**子どもがつかまり立ちで歩く段階ならば、親御さんが手をつないで一緒に歩いたり、楽しくつかまり歩きをすることが大切です。**その結果、足の裏の筋肉も発達し、土踏まずができ始め、少しずつ1人で歩けるようになるでしょう。

子どもは1人でつかまり立ちで歩くよりも、親御さんと一緒につかまり立ちをして歩いた方が楽しく過ごせます。また、1人で何かにつかまって歩くとしても、親が前方で励ましながら待っていてくれると、楽しくて、嬉しくて、自ずとつかまり歩きの時間や距離も長くなります。そしてその分、足の裏の筋肉の発達も促されます。

ところで、お子さんによっては、比較的やわらかい筋肉を持っていることがあります。そのような子はもともと疲れやすい傾向があるので、親御さんと一緒に歩くことが楽しくても、なかなかそれが続かない場合があります。

このような場合、**子どもの疲れやすさ、体調、体力の個人差に気をつけてあげる必要ができますね。つかまり立ちも、歩行も楽しい気持ちでできることが重要ですよ。**

つかまり立ち歩きを促す対策

それでは、ここで、つかまり立ち歩きを促すための対策案を紹介します。

何かにつかまって歩いている時、しっかりした足取りであれば、そのままつかまり歩きを楽しませてあげるといいでしょう。

子どもによっては、つかまり立ちをしていたかと思えば、急にハイハイをすることもあります。移動手段が入り混じる時期なので、そのような場合でも心配せず、子どもがハイハイやつかまり立ちで歩くことを楽しいと思える環境を作ってあげるといいですね。

というのも、ハイハイは、立つときに必要な足腰、体幹《たいかん》などを鍛えてくれる良い運動になるからです。**ハイハイでの移動が発達としては遅く見える、と思ってガッカリする親御さん**

もいますが、この運動はとても大切な歩行の準備になりますよ。

子どもがハイハイをすれば親御さんも一緒に横でハイハイしたり、ハイハイで子どもを追いかけて遊ぶことをお勧めします。これだけで1人で歩くための十分な準備になります。

ただハイハイをするだけでは物足りない気がするのなら、例えば、段ボール箱などでトンネルを作って、その中を子どもと一緒にハイハイで進んでみたり、座布団やクッションを積んで、その上をハイハイで上がって行くことも良い遊びになりますよ。

さて、私が相談を受けて見ていたあるお子さんは、随分長い間、つかまり立ちと、つかまり立ち歩きをしていました。その子のお母さんは発達が遅いと悩み、子どものことを心配していました。しかし、心配するだけでなく、子どものつかまり立ち歩きを熱心に励まして、一緒に歩いたり、一緒に休んだり、一緒にハイハイなどをして遊んでいました。

そして、ある日、とうとうその子が何も持たずにお母さんの手から離れて1歩、2歩とおぼつかない足取りで歩いたのです。親御さんも私も「あっ、歩いた」と思わず叫んで、それと同時に、親御さんは泣きだし、私ももらい泣きをしたことを思い出します。

子どもの発達の可能性は、親御さんの考え方や対応1つで変わっていくくらいデリケートで柔軟性が高いものですね。

相談12

対象年齢：生後〜
キーワード：抱っこをいやがる

抱いてお乳をあげようとすると泣きます。ベッドに寝かせると泣きやみます。抱っこしてお乳をあげることが難しいです。

相談例

お乳をあげようとして抱っこをすると、泣きます。たいてい、抱っこをすると泣くので、いつもベッドや座布団の上に寝かせています。抱っこをすると泣くので、抱っこできずに困まっています。

抱っこにまつわるお悩みとしてよく聞くのは、「抱っこをしてほしいと言って泣きますが、抱き癖がつくと思うので抱かないようにしています」といった内容です。そのようなお子さ

んが多いため、多くの人は「子どもは、抱っこされることが大好きだ」と感じており、それが全ての子どもに当てはまる普遍《ふへん》的なことだと考えていますね。

そのため、なかなか「抱っこされると泣いてしまう子どももいる」という考えには至りにくいようです。そして、お母さんの中にも、「私の抱っこがいやなのだろうか。私のことをママだと思っていないのだろうか。もしかして嫌われているのだろうか。自分は母親失格なのでは？」と悩んでしまう人もいらっしゃいます。

しかし、数は少ないのですが、抱っこが苦手な子どもはいます。私の相談経験でも、2、3名ですが、抱っこをすると泣いてしまうというお子さんがいました。このように個人差のある子どももいる、ということ知っておいていただきたいのでここでお話しします。

寝ていた乳幼児が抱っこされると泣く理由としては、頭の位置の急激な変化や高さの変化があると言われています。どのような意味かと言うと、寝ているときは頭が下にありますね。しかし、抱っこされると急激に位置が上に変わってしまいます。子どもはそれをとても恐怖に感じたり、不安や不快に感じるために泣いているのだと考えられています。**このような状況を、「『重力不安《じゅうりょくふあん》』または『姿勢不安《しせいふあん》』がある」といいます。**

つまり**子どもは、抱っこしてくれる人がいやで泣いたのではなく、抱っこされたときに感**

じる感覚に恐怖心や不快感や違和感を抱いたために泣いていると考えられるのです。


この大変な恐怖や不安、不快感はなぜ起こるのでしょうか？

これは頭の高さや動きの情報を脳がうまく整理できていなかったり、筋肉や関節からの感覚情報がうまく脳で調整できていないためです。そして整理や調整がうまくいかない原因は、耳の中にある三半規管《さんはんきかん》や内耳《ないじ》などの働きと脳との関係にあるとされています。

この三半規管や内耳などは、前庭《ぜんてい》といわれ、この部分で感じる感覚を前庭感覚といいます。前庭では主に、体のバランス感覚やスピードなどを感じます。真っ直ぐ立ったり、倒れかけても身体をもとに戻すことができるのはこの器官のおかげです。

でも、この器官がうまく働いていない人もいます。これは、脳にこの器官からの信号がうまく伝わっていないからだと言われています。そのため、頭の位置をうまく知らせることができず、「重力不安」「姿勢不安」が起こってしまうと考えられています。

私たちは生活の中で、立ったり、座ったり、寝たりしても恐怖や不安や不快感を感じることはありませんよね。しかし、この「重力不安」「姿勢不安」のある子どもは、頭の位置が変わったり、姿勢が変わったり、動いたりすることに大変な恐怖や不安、不快感を感じる傾向があり、いつも不安の中で生活をしていると考えられるのです。

この「重力不安」「姿勢不安」があると、あらゆることに恐怖心や不安感がでてしまいます。そうすると、これからの成長過程で活発に動くことができず、日常生活では行動範囲が限られてしまいがちになります。その結果、経験不足で出来ないことが多くなり、そのために自信を失い、さらなる恐怖心や不安感が生まれ物事にチャレンジできなくなるなど、悪循環を引き起こす可能性がでてきます。

このような子どもの場合「重力不安」「姿勢不安」を解消することで、頭の位置が変わっても泣かず、不安感いっぱいで毎日を過ごすことは少なくなると考えられます。

では、以下に「重力不安」「姿勢不安」を軽減する遊びを紹介します。

抱っこが好きになるための対策

無理はせず、子どもが恐怖心や不安感を取り除けるような活動を考えましょう。「重力不安」「姿勢不安」は子どもに我慢させたり、慣れさせたり、無理にでも頑張らせることで解消することができる、という性質のものではありません。

恐怖心や不安を感じない、むしろ怖さや、不安を忘れて夢中になってしまった、というくらい楽しい遊びなど、その子どもが楽しいと思う活動をしてあげることが大切です。例えば、子どもが好きな物を使って遊ぶことをお勧めします。

ここでは子どもの発達の状態から、ねんねの頃とお座りの頃の2パターンに分けて遊び方や対応策の具体例を紹介します。

ねんねの頃の子ども向け遊びの具体例

具体例①

抱っこしてお乳をあげようとしたら泣いて授乳できないような場合、**子どもの頭に少し高めの枕を置いて身体を前傾姿勢にし、母親は横になった体勢で授乳しましょう。そして子どもの枕の高さを日ごとに少しずつ上げていきます。**

授乳中は、子どもに何かを話し掛けたり、歌を歌って聞かせたり、笑顔で子どもの顔を見たりなど、お母さんのそばで楽しい、という気持ちになるように心がけましょう。

具体例②

頭が床と平行になるように抱っこして、ゆっくり揺らしながら歌います。少しずつ抱っこする角度を変えて頭の高さを上に上げていきます。

もしいやがったら、直ぐにベッドなどに寝かせましょう。心地良い揺れを楽しみながら、子どもが少しずつ頭の位置の違いに慣れていけるようにしてあげましょう。

子どもは生後4か月ごろにすでに、お母さんからの反応を期待して、クーイング（クーなどの音を出す）をしています。そして、お母さんからの反応がなければ、反応を催促をしたり、応答をあきらめたりすることが分かっています。子どもは、こんなにも小さなときから、親御さんとのコミュニケーションに期待をしていることが分かりますね。

授乳しながらの携帯電話、インターネットなど、子どもの存在や期待を軽視した行動は控えて、子どものまなざしに目を向けてあげくださいね。

お座りの頃の子ども向け遊びの具体例

これは、生後６〜８か月以上の子ども向けです。

まず子どもをゆっくり座らせます。そのとき、クッションやタオルで背もたれを作ったり、親御さんの膝の上で座らせたりして、お子さんが背をもたれられる状態で座らせます。

背もたれの調整ができるのなら、最初は、枕の高さの傾き位から始めて、少しずつ背もたれの角度を上げていくと良いと思います。

次に、その子の目の前におもちゃを置きます。おもちゃも斜めになって寝ていても見られるくらいの大きな物を用意した方が良いですね。そして、おもちゃを右や左に移動させます。ぬいぐるみが好きであれば、ぬいぐるみを左右に走らせてあげ、子どもの目がそれを追うことができるようにします。

子どもは、頭の位置が変わることよりも、動くぬいぐるみに興味が湧き、見たい、触りたいという気持ちがでてきますね。そのような気持ちになることで、自然と頭が持ち上がり、姿勢も前のめりになってくるでしょう。そうなったら**子どもを楽しませながら、子どもの座る姿勢を変えて、子どもの頭の位置を変えていきましょう。**

相談13

対象年齢：5か月～2歳
キーワード：寝つきが悪い・人見知り

夜、寝つきが悪くて困っています。また、夜泣きもあって、なかなか母親も眠れません。

相談例

夜、寝つきが悪くて、いつも起こされます。夜中に何度も起きないとダメで、毎日寝不足で辛いです。どうしたら寝てくれますか。

夜、子どもが何度も起きてしまい親御さんはなかなか眠れない、というお悩みはよく聞きます。これはほとんどのお母さんが経験している悩みですよね。私のところに相談にいらっしゃる方も、「子どもが数時間おきに起きてしまうので、その度に自分も起きないといけな

くて、まともな睡眠をとったことがない」というお話をよくされます。

私ごとですが、今年80歳になる私の母親も、私が乳幼児の頃、夜中に何度も起こされた、と言っていました。子育てには、昔からこのようなことは、付き物なのかもしれませんね。

しかし、そのまま《子育てには付き物》で終わってしまっては、親御さんの体調も悪くなってしまいますよね。そこで、ここでは、子どもの寝つきをスムーズにさせるための対策や、夜中にできるだけ長く眠ってもらうための対策をご紹介します。

夜の寝つきについてのチェックポイント

お昼寝を1日に何回して、その時間の長さと、最後のお昼寝の時間は何時ですか？

1日の睡眠時間とその他の活動について158ページの表にまとめてみましょう。

お昼寝の時間が就寝時間に接近していればいるほど、子どもの眠りは遅くなります。子どもにとっては、少し前にお昼寝から覚めたばかりなのですから、またすぐに眠りなさいと言われても寝るのは大変ですね。

子どもの眠りについてまとめてみましょう

お昼寝の回数	1日（　）回
お昼寝時間	約（　）時間（　）分
お昼寝時間	1・（　）時から（　）時まで 2・（　）時から（　）時まで 3・（　）時から（　）時まで
夕食時間時	（　）時ごろ
お風呂の時間時	（　）時ごろ
就寝時間時	（　）時ごろ

そのため、ここで**大切なことは、親御さんがお子さんが小さいころから、子どもが眠りやすい生活リズムと環境を作っていこうと意識しておくことです。**

夜9時ごろまでに眠れるような状況が理想的ですね。早く眠りにつくことは、成長ホルモンや脳の休息にも良いと言われています。

また、毎日寝つきが悪いわけではなくて、とてもよく寝てくれるなと思う日もあると思います。そんな日には、親御さんは、その日の昼間には何があったのかを、思い起こすことも大切です。

例えば、子どもは、基本的にたくさん遊んで疲れるとよく寝るものですので、その日の昼間に思いっきり遊んだことが良かったのかもしれません。すると翌日も思いっきり遊んであげれば早く寝てくれる可能性は高まります。

ただし、そうかと言って、あまり遊びすぎたり、初めての場所に行ったりすると、夜は興奮状態で、寝られないということもあります。**子どものその日、その日の様子を見守りながら、夜を心穏やかに迎えさせてあげましょう。**

【お昼寝を促す対策】

対策① お昼寝時間を短縮し、お昼寝の時間帯を繰り上げましょう

まとめた表をもとにお昼寝の時間を少しずつ短縮してみます。例えば、これまで1時間お昼寝をしていたのなら、20分短縮して40分にしてみましょう。突然変更して子どもの寝起きの機嫌が悪くなるのではと心配でしたら、10分でも短く切り上げてみましょう。

子どもが自発的に起きるまで寝させるのではなく、親御さんが調節してみるのです。そうすることで、お昼寝の時間帯を少しずつ前倒しにすることができます。

対策② 就寝時間に近い時間帯にお風呂に入りましょう

就寝時間に近い時間帯にお風呂に入れてみましょう。

お風呂も体力を消耗しますので疲れて眠りにつきやすくなります。

対策③ 子どもとしっかり一緒に遊びましょう

昼間に子どもとどう過ごすか、ということは、就寝時間やお昼寝の回数にもまして重要です。たくさん遊んで体力を消耗してもらった方が、子どもは早く寝てくれるからです。

ただし、**子どもに1人で遊んでもらうだけではいけません。** なぜなら1人で遊ぶ場合、エネルギーの消耗を自己調整するため、疲れにくくなるからです。

それは例えば、私たち大人が、自分1人で何かをする時の疲労感と、誰かに合わせながら何か作業をするときの疲労感とを比べてみてもいいかもしれません。他人に合わせて何かをする方が、私たちの疲労感は上がりますよね。子どももそうです。他の人にペースを合わせることで、エネルギーも消耗されます。

ですから、親御さんはなるべく一緒に遊んであげるようにしましょう。**たくさんエネルギーを消耗し、しっかりした睡眠でエネルギー補給をするというサイクルは、親御さんと楽しく関わって遊んでこそできることです。**親御さんは、子どもが飽きてしまうくらいまで遊んであげましょう。

しかし、何か用事があるときはその片手間に子どもと遊んでしまうこともあるでしょう。集中して遊ぶと子どもは遊びに十分満足するものです。「急がば回れ」ということわざがありますが、急いで家の用事をしたいときには、子どもと遊びながらするのではなく、思いきって子どもとしっかり遊んで子どもを満足させた後の方が、子どもがぐずぐず言わないので、家の用事がスムーズに進むことでしょう。

では、以下に、どのように一生懸命に子どもと遊べばいいのかを紹介します。

とても簡単な遊びなので、子どもが飽きる前に、親御さんが飽きてしまうかもしれませんが、真剣に遊ぶようにしてあげてくださいね。

遊びの具体例 ねんねの頃からハイハイの頃

1・親御さんの顔を隠し「いない、いない、ばー」を子どもが飽きるまで楽しませます。

2・親御さんが、子どもの顔を手で隠して、「いない、いない、ばー」と言いながら、手を広げます。

3・親御さんが「いない、いない」と言いながら、子どもの顔の上に、ティッシュを掛けます。子どもがそのティッシュを自分の手でのけて顔が現れたら、「ばー」と、親御さんが子どもの顔の近くで微笑みながら言います。もしくは、顔にかけたティッシュを「いない、いない」と言いながら子どもの顔に掛け、「ばー」と言いながら親御さんが、ティッシュを取って、顔を子どもに近づけて笑いかけます。

遊びの具体例 ハイハイから立っちの頃

親御さんが、物の陰にぬいぐるみなどを隠して、その物陰からそっとぬいぐるみの顔を出します。ぬいぐるみがお子さんを覗いているようなしぐさをさせるのです。そして、お子さんがそれを見たら、ぬいぐるみをまた物陰に隠れるように引っ込めます。ぬいぐるみで「いない、いない、ばー」をして楽しませるのです。

子どもは、ぬいぐるみはどこに行ったのかな、と思って、ハイハイで探しにきます。この**ハイハイの距離を伸ばしたり、ハイハイの頻度を多くしたりすることで、子どもはよく動き、エネルギーを消耗してくれます。**

また、お子さんが立っているならば、子どもの背より高い机やいすの上からぬいぐるみを覗かせましょう。お子さんが、上から覗くぬいぐるみを見ようとしたら、すぐにぬいぐるみが隠れるようにします。子どもは、隠れてしまったぬいぐるみをもう一度見たいと思って、この「いない、いない、ばー遊び」に夢中になります。これは、子どもが、つかまり立ちをしながら遊ぶことができます。

ところで、この「いない、いない、ばー」の遊びについては、発達検査の中では生後5か月から6か月の子どもへの設問としてでてきます。

この頃の子どもは、目の前にあった物が一瞬にして見えなくなったのに、すぐにまた現われることがとても面白くて仕方がないようです。

これは、まだこの頃の子どもは、目の前にあった物に何かカバーが掛かって見えなくなると、もうそこには無くなっている、と思ってしまうからです。無いものだと思っているのに、またすぐに現われるので、子どもにとっては「いない、いない、ばー」がまるでマジックの世界のように思えて面白いのです。

そして、月齢が進むと、カバーが掛かって見えなくなっても、そのカバーの下にはその物はあるんだ、ということが分かるようになってきます。これは「物の永続性」といって、認知発達の1つになります。初期の「物の永続性」の発達は、例えば、「いない、いない、ばー」でたくさん遊んでもらう経験と月齢を積み重ねることで育まれていきます。

「物の永続性」の認知発達が未熟な時期の子どもは、目の前の顔や物が消えて見えることを、マジックショーの世界のように楽しんでおり、「物の永続性」が分かるようになってくると、自分の予測通りに物があった、という出来事を楽しむようになります。

しかし、その**初期の「物の永続性」が育っていく途中に、子どもの発達は、「8か月不安」という、一般によく聞くところの「人見知り」の時期を迎えます。**それまでは、「いない、いない、ばー」を誰がしても楽しんでいたし、誰が話し掛けても、抱っこしても楽しんでいたのに、急にお母さん以外の人が何かすると、怖がったり、いやがったり、泣いたりするようになります。

この時期の子どもを持つお母さんは、子どもが相手をいやがるので、その相手の人に申し訳ない気持ちになりますよね。

これは、生後８か月前後の子どもから見られ始める、自分に近しくて親しい人（特に母親）とそうでない人との区別がついてきたという、１つの認知発達の証《あかし》になります。そのため、この時期の子どもにとって特にお母さんの存在がとても重要になりますね。**お母さんは、人見知りする子どものそばで、周囲の人は、怖くなくて、楽しい人たちだ、などの良い関係性を少しずつ伝えていく必要が出てきます。**

「人見知り」については、心の発達の章で、詳しく書いていますが、このように子どもは、色々な経験を通して様々な物の区別ができるようになっていきます。親御さんは、この子どもの変化に注意しながら子どもとの時間を味わってみてくださいね。

相談14

対象年齢：生後7か月～
キーワード：断乳・卒乳・離乳

寝つきが悪いので母乳をあげますが、いいのでしょうか？

相談例

大きくなってきたのに、まだ母乳を欲しがります。特に就寝前に母乳を飲まないと寝ないので困っています。眠る前に母乳はあげない方が良いですよね。

子どもが大きくなってからも母乳をあげ続けることをあまり良いと思わないお母さんと、子どもが欲しがるうちはあげた方が良いのではと思っているお母さんがおられます。相談を受けていると、どちらの主張をしているお母さんにも、それぞれ理由がありますね。

あげない派のお母さんたちの主張としては、断乳や卒乳は10か月から1歳前後と書かれていたからその時期に合わせせないといけない、と思っていたり、また、お母さんの身体的な理由、例えば、お乳をあげると腕も疲れて大変だから早く飲まないようになってほしい、などが聞かれます。

一方、あげる派は、欲しがるならばあげよう、お乳をあげられるのは子どもが小さい時だけだから、と母乳をあげるのは大変だけれど、授乳を楽しもうというお母さんもいます。

同様に、眠る前の母乳も、飲ませた方が良い派と飲ませない方が良い派に分かれますね。

私は**どちらが良いかは、子どもとお母さんの関係による**と考えています。

例えば、保育所などに行っている子どもは、昼間お母さんに抱っこされていない分、夜に授乳のために抱っこされて嬉しい気持ちになるでしょう。また、1日中子どもと居るお母さんは、夜は早く子どもから離れて、何か用事をしたいと思うかもしれません。

しかし、どちらの場合も、子どもの立場から考えると、毎晩、安心して眠りたい気持ちに変わりはないと思います。

母乳が子どもの安眠を促しているとお母さん自身が感じるなら、授乳をしてあげた方が良いですし、母乳がでなくても、お乳を口に含んでいるだけで眠るようなら、それは子どもに

安心感を与える意味で大切ですね。

また、安心感を得たい、落ち着きたいという理由で子どもが母乳を欲しがっているのならば、**そのように安心しないと眠れない子どもの気持ちを考えてあげる必要があります。**なぜ、母乳でなければ安心できないのか、なぜ落ち着けないのかなど、子どもの性格やその日に起こった出来事も考慮して、授乳を考えてあげる必要がありますね。

例えば、知らない場所に行った、久しぶりに親戚に会い抱っこされたり遊んだりしたなど、子どもにとって新しく、刺激的な過ごし方が、寝つきを悪くさせることもあります。

また、寝る前にいつもお母さんに抱っこされて母乳を飲んで寝ていた子どもは、寝る前の習慣として、母乳が必要不可欠なものになっているかもしれません。お母さんが身体的に支障がないようならば、授乳で安心感を与えてあげた方が良いでしょうね。

卒乳を促す対策

しかし、授乳がお母さんにとって身体的に疲れるなど、支障をきたすようなら、授乳以外の方法で、子どもが安心して眠れるものを探してあげた方が良いでしょう。

例えば、子どもに「ナイ、ナイ」と授乳しないことを伝えます。しかし、子どもが欲しがって泣いてしまうならば、**お母さんは「ナイ、ナイ」と言いながら、子どもの頬や口の周りを触ったり、なでるなどしてあやしてあげましょう。**口や口の周りの筋肉は、心の落ち着きに関係しているのでそこを触られると子どもは安心します。大人でも、よくガムを噛んで気持ちを落ち着けたり、食事をして気持ちが落ち着くということがあると思います。

また、子どもの体重が負担でなければ、赤ちゃんの頃にしたように、抱っこしてゆっくりとしたリズムで揺れを続けることも睡眠に効果的です。これは耳の中の三半規管《さんはんきかん》や耳石《じせき》に刺激が入り、それが脳に伝わって、安心感などをもたらすと考えられているからです。

また、三半規管などの前庭《ぜんてい》系には、覚醒のコントロールをする機能があります。だからゆっくりしたリズムで揺らすと安心して眠り、揺らすのを急にやめたりすると目覚めてしまうのです。これは、例えば、私たちが電車の中などで寝ているときに、急に車体が止まると目覚めることを思い出してもらうと、少し感覚がお分かり頂けるでしょう。

さて、**卒乳や断乳にかかる期間は、子どもによってもお母さんの体調によっても違うので、できるだけ焦らずに取り組んでいきましょう。**

相談15

対象年齢：5か月～1歳半
キーワード：断乳・卒乳・離乳・指しゃぶり

そろそろ離乳食を考えています。いつごろ母乳やミルクをやめた方が良いですか？ また、指しゃぶりもよくします。

相談例

離乳食を食べさせたいのですが、ミルクをいつ頃からやめさせた方が良いですか？ ミルクも母乳もまだ欲しがって飲みます。指しゃぶりもずっとしています。

世界保健機関（ＷＨＯ）は、離乳食の開始時期を生後６か月から、日本の厚生労働省は、開始時期を５、６か月から、離乳食完了の時期を生後12～18か月ごろと示しています。

しかし、卒乳や断乳の時期は母子によって異なるのが当然です。ですから、一概に「いつ頃に終わらせた方が良い」という時期はありません。ただ、そうと分かっていても、周囲の母親から卒乳や断乳の知らせを聞くと、お母さんとしては焦ってしまうんですよね。

離乳食への切り替えと指しゃぶりの対策

離乳食とミルクについては、子どもの運動量と食欲を考えていくといいでしょう。月齢が上がり運動量が増えると、お腹が空き食欲旺盛になります。その食欲に合わせて、また、子どもの味覚、口の中の触覚に合わせて食事をすすめていく方が良いですね。子どもによっては離乳食を好まず母乳を飲みたがったり、ミルクばかり欲しがる子もいるでしょう。これは、子どもの口の中の触覚、味覚、臭覚に関係していると考えられます。できれば、月齢に応じた離乳食の量を食べさせることを目的とするのではなく、**子どもにとって食事が楽しい時間になるかどうか、栄養に偏《かたよ》りができないか、アレルギーは大丈夫かなどを考えながら離乳食に移行していくといいですね。**

離乳食は、子どもの首が座り、親の食べている姿を見ることができる月齢、5、6か月を目安に始めてもいいですが、**ミルクをやめる時期については、子どもの食べ物の嗜好と体質、運動量と体重の増減を考慮しながら、子どもの成長と共に考えた方が良いでしょう。**

この月齢だからミルクをやめさせよう、と考えたりしなくとも、ミルクの量を少しずつ減らしたり、たくさんの運動をさせたりするうちに、子どもはミルクではなく離乳食の方が食事をした満足感につながることを感じるようになります。そしてよく遊んで、食べるようになると、自然に離乳食の方に移行していくことが多いです。

自然卒乳という表現もあります。親御さんがどうしても授乳をやめなければならない理由がない場合は、子どもの自然卒乳を見守ってあげてもいいのではないでしょうか？

これは、子どもを甘えさせてあげましょう、という意味ではありません。子どもが母乳を欲しがる背景には、母親の胸に抱かれてお乳をもらうことが安心感にもなる、と考えられるからです。そうすると、この子はなぜ安心したいと思うのかと考えてあげる必要もあります。

また、抱かれているときの感覚もそうですが、口や口の周囲の筋肉には、気持ちの安定や快の気持ちを引き出す働きがあると考えられています。

指しゃぶりや、おしゃぶり、爪かみをするときは、子どもが寂しい時、暇な時、叱られて気持ちが高ぶって気持ちを落ち着けたい時など、比較的ネガティブな気持ちの時ではないでしょうか？　これには、相談22（204ページ）にもある、自分を噛んだり、他人を噛んでしまう子どもと似たような心の背景が考えられます。

指しゃぶりや、おしゃぶり、爪かみをする理由も、子どもなりに気持ちを調整しているんだな、と考えてあげるといいでしょう。そのため、**日中に、お子さんが指しゃぶりやおしゃぶりをくわえていたら、すぐに叱るのではなく、できるだけ親御さんも一緒子どもと遊んであげて、気持ちを切り替えてあげるといいですね。**

しかし、寝る前に必ず指しゃぶりやおしゃぶりをするというお子さんであれば、**眠ってしまうまでの短い時間なら、そのままくわえさせてあげてもいいと思います。**日中にずっとくわえているのと違って、眠ってしまうと自然に口から指やおしゃぶりが離れてしまいますからね。

この違いには１つ理由があって、日中ずっと口に指やおしゃぶりをくわえていると、ことばの発達に影響がでると考えられるからです。特に１歳半前後であれば、話し始める月齢です。そのときにいつも口に何かを入れていると、発話が難しくなりますね。

口や口の周囲の筋肉と心の安定、そしてことばの発達、子どもの成長に無駄なものはないですね。

相談16

対象年齢：1歳～2歳弱
キーワード：物を投げる

何でもポイと下に放るので困ります。どうすれば、ポイと何でも下に落としたり、放ったりしなくなりますか。

相談例

何でもつかんで放ったり、ポイと投げたりします。子どもが投げた物を拾うのは大変だし、物を投げることは悪いことだし、どのように言って、やめさせるといいでしょうか。

子どもは、興味を惹かれる物があると、握ってみたい、触ってみたい、と思います。しかし、「もう、これ要らない」と思ったり、違う物に興味が向いたりすると、今、手に持っている物を思わず離してしまいますね。

そのようなとき、子どもは、今、自分が手放した物が、手から離れていく光景、転げていったり、飛んでいったり、ポトンと音がしたりする光景を見ます。

「これはなんて面白い」。子どもにとっては新発見、大発見です。そのため、**子どもは、自分の手の中にあった物が、手から離れていってしまうことが、大変面白く、かなり刺激的に思うようです。**そして、面白いことは何度も試したくなります。さらに、自分の思った通りにできることが、楽しくて仕方がありません。

自分の手を広げると、持っている物が転げていくなんて、飛んでいくなんて、落ちるなんて、なんて凄いことなんだろう、と子どもは思います。また、大抵、周囲の大人も、始めのうちは、その子どもがそんなことをして楽しんでいる様子を見て喜びます。

しかし、そうしていると、子どもはだんだん、落としてはいけない物、投げてはいけない物の区別をすることなく物を投げ、落とすようになります。こうなると、今まで微笑ましく見ていた周囲の大人も、この子どもの行動にイライラしたり、怒りを感じるようになってしまうんですよね。

そのため、「物を落としたり、投げたりすることはいけないことである」、「投げないように」、「落とさないように」と注意をして、少しずつ教えていく必要があります。

投げてはいけない物を教える方法

しかし、そうは言っても、始めのうち子どもは、落としてはいけない物、投げてはいけない物、やってはいけないこと等々、区別はなかなかつかないものですよね。

それを教える方法の1つは、子どもが投げてはいけない物を投げたとき、「投げません」「ポイしません」と「○○しません」という言い方で、表情も厳しくし、子どもの手を押さえて止めます。反対に、おもちゃのボールなど投げても良い物は、箱やかごに投げ入れるよう促し、投げ入れたら「上手に入れられたね」と笑顔で大げさに褒めるといいでしょう。

褒めることと、止めることにメリハリをつけ、子どもに何が良くて何が悪いのかを理解させていきます。大人には子どもに物の分別を伝えていく根気強さが必要になりますね。

ところで、注意するときは何でも「ダメ」だけで済ませないようにしましょう。なぜなら、この時期の子どもは、自分の身に起きた出来事、自分がやってしまった出来事などを、親御さんから言われることばと共に少しずつ理解できるようになるからです。

何でも「ダメ」だけでは、子どもには、怖い顔で叱る親の顔と「ダメ」と言われたことが印象に残るだけで、物の道理が分からないままになってしまいます。むしろ、子どもによっては、親の怒った顔が面白く映るときがあり、面白い顔をしてくれると思って、何回も物を落とすようになるかもしれません。**注意をする際は、「ダメ」だけで終わらせず、続けて、「〇〇しません」、「〇〇しましょう」と、本来、良いとされることを言ってあげましょう。**

その時に起こった出来事とその場で子どもに投げ掛ける親御さんのことばや態度は、子どものことばや認知の発達に影響します。そのため、親御さんは子どもを叱るときにも、自分の発することばや態度を大切にしながら、物事の分別を教えてあげてくださいね。

さて、子どもが物を投げたがる時期というのは、親御さんにとってはイライラしてしまう時期になると思いますが、子どもの発達を考えると、喜ばしい点がいくつもあります。

まずからだの発達についてですが、新生児の頃は自分では動くことができません。そのため、自分の意思とは関係はないけれども動くことができる反射運動という機能が備わっています。反射運動は、生まれたばかりの赤ちゃんがうまく外界と関わっていくための運動ですが、いずれ自分の意思で動くことのできる随意《ずいい》運動に置き換えられていく必要があります。

例えば、反射運動の代表的なものに、把握反射《はあくはんしゃ》があります。把握反射は、赤ちゃんの掌に指で触れると、赤ちゃんがその指を握り返してくる反射運動です。ただし、赤ちゃんは、握ろうと思って握っているわけではなく、反射がそうさせるのです。

この反射は、抱っこされたときに親を握って落ちないようにするためのものとされていま す。子猿は親猿にしがみついて移動しますが、その名残ではないかと考えられているのです。

このように物を握るという反応は生後から原始反射としてもありましたが、手を開くことは、握るよりも難しい行動で、握ることができた後にできるようになる運動です。そのため、ポイポイと何か物を捨ててしまうのは、発達が着実に見られていることになります。

もしも、原始反射が残ったままの状態で、何でも握ったままになり開けないとすると、これは脳の中枢《ちゅうすう》神経系に何か問題があるのではないかと心配する必要がでてきます。なぜなら、原始反射は、種類によっては、生後4、5か月から約1年以内に随意運動に代わっていくものだからです。このように原始反射は、脳機能の問題を知らせてくれる役割もあります。

また、投げると転がって面白い、手を開くと落ちていった、など、子ども自身が考えてやってみよう、とする心の発達が見られます。

私たちは皆、周囲の大人から何でも教えてもらい、そのおかげで、物事の善し悪しの判断ができるようになりました。何も分からない子どもの無垢《むく》さを、扱いにくいと思うことがあるかもしれませんが、少しずつやさしく丁寧に善し悪しの分別を教えてあげましょう。

相談17

対象年齢：2歳～
キーワード：つま先立ち歩き

よくつま先立ちで歩きます。なぜこのような歩き方をするのでしょうか？やめさせなくても大丈夫ですか。

相談例

よくつま先立ちで歩きます。今まで気にならなかったのですが、気になり始めると、家でも遊びに行っても頻繁にしているように思えます。なぜこんな歩き方をしているのでしょうか。

時々、つま先立ちで歩いている子どもを見かけますね。楽しそうにつま先立ちで歩いている子どもや、特にそのような様子ではなく、無意識につま先立ち歩きをしているように見える子どももいます。

つま先立ちが一過性のものでしたら特に問題はありません。しかし、もし、いつも踵《かかと》を付けないで歩いているようなら、今後、足や身体の発達に何らかの影響がでてくることも考えられるので、やめるように促し、矯正《きょうせい》をしていく必要があります。

ここでは、まず子どもがなぜつま先立ちをするのかとその解消方法についてお話しします。もし対処法を行っても改善が見込めないようなら小児科や子どもの発達についての専門医などの受診を考えてください。

つま先立ちへの対処法

子どもがつま先立ちで歩くのは、感覚統合《かんかくとうごう》の考え方から見ると、いくつかの理由があげられます。ここでは、例を5つあげてみましょう。


1つ目は、わざとつま先立ちをして、バランスを取って歩くことを楽しんでいる。

2つ目は、足をピンと伸ばすことで、筋肉が伸びて、その刺激を楽しんだりしている。

3つ目は、シャキッと目覚めて気分をスッキリさせるために筋肉や腱《けん》を伸ばしている。

4つ目は、もともと刺激を感じにくいので、自分でつま先立ちになって、さらに強い刺激にして、歩いていることを感じようとしている。

5つ目は、床や畳などの感触が好きではないのでつま先立ちになっている。


子どもがどの理由でつま先立ちで歩いているのかを見分ける方法をご紹介します。

まず、その子の表情や日ごろの行動から考えてみましょう。

踵を付けないで歩いているときの表情がとても楽しそうで、つま先立ちで立ってどれだけそのままでいられるかを他の子どもと競ったり、つま先で立って背が高くなったことを楽しんでいるようにも見えるならば、**単純につま先立ちを楽しんでいる**と考えていいと思います。

日頃からちょろちょろ動いていたり、バンバンと他の子どもを叩いたりするといった、少し活発すぎる印象がある子がつま先立ちをしているのなら、その子は**シャキッと目覚めたいためにつま先立ちをしている場合や、刺激を感じにくいためにつま先立ちをしている場合がある**と考えられます。

そのような子どもは、身体の動きや力加減をすることなどの感覚がうまく脳に伝わらない傾向があると言われています。そのために、つま先立ちをすることで自分で刺激をさらに入れているのです。

また、子どもが歩いている環境を見ることも大切です。踵をつけることが気持ちが悪いからつま先立ちで歩いているかどうかが分かるからです。

もしかしたら、子どもは冷たい床がいやなのかもしれませんし、畳が好きではないのかもしれません。絨毯《じゅうたん》の肌触りがいやな可能性もあります。**特定の場所でよくつま先立ちをしているようならば、どの触覚に反応しているのかを周囲の大人が注意して見てあげるといいですね。**

バランスを取ることを楽しんで時々つま先立ちをして歩いている場合は、矯正などをする必要はないと思われますが、気分をスッキリさせるためや、なかなか刺激が伝わりにくいので、刺激を入れるためにしている場合、ある特定の床などに踵が付く感覚が好きではないような場合であれば、周囲は何らかの対応を考えてあげた方が良いでしょう。

もしも、どの理由で子どもがつま先立ちをしているのか分からないのでしたら、まず、活発に身体を動かす遊びをしてあげることをお勧めします。テレビやＤＶＤを見るのではなく、おもいっきり身体を動かすことで子どもの気持ちはスッキリし、つま先立ちで歩く必要もなくなりますよ。

私たちも、眠い時や、身体がスッキリしない時に、首を回したり、身体を伸ばしたりしますね。それは、関節や筋肉、腱などへの刺激を与えることは、気持ちがスッキリすることと関係しているからです。子どもも、自分でその調整をしていると考えられます。

そのため、関節や筋肉、腱、身体をよく動かす遊びをしてあげるといいでしょう。追いかけっこをしたり、トランポリンで跳んだり、手押し相撲など、しっかり身体を動かす遊びがいいですね。

また、身体に刺激を感じにくい子どもであれば、日頃から何か少し重みを感じるような物を使って遊んだり、縄を引っ張り合って身体にギュッと力が入る遊びを取り入れたり、年齢によっては荷物を持ってもらったりと、子どもが身体に力を入れられるような遊びや活動の工夫をしてあげるといいですね。もちろん、追いかけっこや、ジャンプなどの活動も身体への刺激として有効です。

また、足の裏の感覚が気持ち悪くて踵を床に付けられないような子どもの場合は、例えば、お風呂で足の裏を洗うときに、スポンジやヘチマやタオルなど、日々、感触の違うもので洗って、色々な感触に触れさせてあげるといいですよ。

このように、子どもの活動には、必ず何らかの理由があります。周囲の大人がその理由を知っておくことが、子どもの発達をより良い方向に促します。

第3章
こころの発達について

この章では、子どものこころの発達についてお話しします。
「心で見なくちゃ、ものごとはよく見えない。肝心なことは、目に見えないんだ」
これは、『星の王子さま』という本の中で、きつねが王子様に言ったせりふです。
こころは、人の気持ちを理解したり、
自分の気持ちや考えを置いておく場所でもあります。
私たち大人は、子どもたちが、将来の社会生活に何が必要なのかを考え、
たくさんのことに対応できるしなやかなこころを育てていく必要があると
思います。

相談18

対象年齢：1歳半〜
キーワード：絵本への関心

同じ本ばかり持ってきます。こちらが他の本を読んでほしいと思って買ってもそれに興味が無いようです。

相談例

いつも同じ本ばかり読んでほしいと持ってくるんです。この本がお気に入りで、1日に何回これを読んでるかしら……。他の本を読んでくれるといいのに……。なぜ、こんなにも同じ本ばかり持ってくるんでしょうか。私が買った新しい本には興味がないんですよ。

親御さんにとって同じ本ばかりを読み続けるのは、なかなかの苦行に感じられることでしょう。もう、その本を丸暗記してしまうくらい読んで、読み飽きているのではないでしょ

うか。

また、多くの親御さんは、子どもには色々な本を読み聞かせて、様々な世界に触れてもらいたいと思っていますよね。ですから、同じ本ばかり読んでもらいたがる子どもの行動は不思議に感じられることでしょう。

しかし、子どもがいつも同じ本を読んでほしいと持ってくるのにはちゃんとしたわけがあります。子どもは、自分が知っている本だからこそ読んでもらいたいのです。

例えば、大人でもカラオケに行くといつも同じ歌ばかり歌おうとする人がいますね。本人は気持ちが良いけれど、周囲の人は、「またあの歌ね」と思ってしまいますよね。

周囲の気持ちにお構いなしに同じ歌ばかり歌うのは、その歌を覚えていてうまく歌うことができるため、歌っていて気持ちが良いから、また、自分は歌えるという自信があるということもあるでしょう。

子どもにも、同じようなことが言えます。**子どもが同じ本を読んでほしがるのは、自分がその本の中身や絵を知っているからです。**

親御さんに読んでもらいながら、子どもは心の中で、「この本は、自分が知っている通りに話が展開する」「このページの次はこんなことが書いてあるんだ」「次はこんな絵があるんだ」という風に思っています。

そして、ページがめくられるたびに自分の知っていることが目の前で次々と起こることが楽しくて仕方がありません。このような**自分の予想や思った通りにことが運ぶという経験は、子どもの自信の芽生えにつながると考えられています。**

子どもに同じ本を繰り返し読んであげることとは、新しい知識の吸収や発展の妨げにはなりません。

むしろ、子どもが現在持っている自分の知識に自信を持ち、その自信がさらに次の挑戦へつながっていくという、心の成長を促すことができます。

相談19

対象年齢：２歳〜
キーワード：「ごめんなさい」が言えない

「ごめんなさい」を言うことができません。どうしたら謝れるようになりますか？

相談例1 **自分が悪いと分かっているのに謝ることができない**

「ごめんなさい」を言わないんです。「ごめんなさいって言いなさい」と言っても、自分が悪いことを分かっているのに言わないんですよ。

相談例2 **謝らずに悪ふざけをする**

「ごめんなさい」って言わなくて、変な顔やふざけた顔をして、ごまかすんです。それで、私が代わりに謝ることになるんです。

もしも、子どもが「ごめんなさい」と言えなかったり、言わなかったら、この相談例1の親御さんのように、**すぐに子どもに「ごめんなさい」と言うように促してあげたり、「ごめんなさい」を言えるチャンスを作ってあげることが大切です。**

そして、「ごめんなさい」をするためには、まずは悪いことをしたという自覚を持つ必要があります。

子どもは、2、3歳になると、やっと他の人と自分は違う存在であることを知り始め、「相手の感じ方はよく分からないけれど、自分とは気持ちが違う」ということが分かってきます。3歳未満の小さなお子さんでも、相手の反応を見て、自分のやったことの何かが悪かったんだ……という感じに表情を曇らせたり、親御さんや先生の陰に隠れたりしますね。もしお子さんがこの年齢ならば、**親御さんは相手が今どんな気持ちかを教えながら、子どもに自分がやってしまったことが悪いことだと理解させるといいですね。**

そして5、6歳になると、相手の気持ちが分かるようになってきているので、相手の気持ちを想像させながら、自分が悪いことをしたという理解を促すといいでしょう。

特に、3歳から6歳児は、自分でできることが多くなり積極性が芽生える時期で、その積極性がいきすぎることで叱られる経験も多くなりますが、相手の気持ちを考えるなど、こころの発達には必要な経験になります。

さて、それでは、いつ頃から子どもは、「ごめんなさい」を1人で言えるようになるのでしょうか。

子どもの中でも、ここで「ごめんなさい」を言っておけば叱られないから言っておこうという理由で「ごめんなさい」を言っているような子どももいますね。個人差もありますが、そのような子どもの年齢は4歳くらいではないでしょうか。

4歳児までは、多くの子どもは、お母さんや先生などに「ごめんなさいは?」と促されないと言えないし、仮に言ったとしてもそれは「ごめんなさい」を言わないと叱られるから言っておこう、というような親や先生という権力的なものの力で謝る年齢で、これを「他律的道徳性《たりつてきどうとくせい》」といいます。

子どもの道徳性の発達では、5歳児は、自分がやってしまったことへの責任を感じて謝ることができる年齢で、6歳児では、責任感と罪悪感で謝罪ができる年齢になっているとしています。これを「自律的道徳性《じりつてきどうとくせい》」といいます。

さて、自分が悪いことが分かっているお子さんは、「ごめんなさい」と言うことができなくとも、悪気がなくても自分がやったことで結果が悪くなってしまったこと、不可抗力で悪い結果になってしまったことなどに対し、「自分が悪かった」と思って、そのような結果になってしまったことに心を痛めています。

相手に悪いことをしてしまって、それで自分の気持ちも傷ついているのに、親から「ごめんなさいは」と言われても、自己責任感や罪悪感を抱いている子どもにとっては、心の傷が痛むため、その傷に触れられないように、「いやだ」と言ったり、何も言わないで悲しそうにするだけになってしまうかもしれませんね。

しかし、その子どもの傷ついた気持ちを早く解消させてあげるためにも、**親御さんが子どもの悪かったと思っている気持ちに共感しながら、相手には必ず謝まるように促して、子どもの気持ちをすっきりさせてあげる方が良いでしょう。**

悪いことをしたと分かっていない子への対処法

相談例2の場合は、子どもが変な顔やふざけた顔をしているのをそのままにして、親御さんが謝っているので、できれば、**少し頭を下げさせるだけでもいいので子ども自身が謝るよ**

うに促した方が、子どもの気持ちにも良いと思います。

もし、5、6歳になっても、自分が悪いことをしたと全く分かっていない子どもなら、なおさらのことうやむやにせず、その子には少しでも相手の気持ちを想像させて、良いこと悪いことが分かるように話をして、謝るように促した方が良いですね。

責任感や罪悪感をまだ抱いていない年齢であれば、相手の気持ちを短いことばで理解させて、「ごめんなさい」と頭を下げる動きを身に付けさせた方が良いでしょう。なぜなら、お母さんやお父さんや先生に叱られるから謝ろう、という年齢から、自分のやったことに責任感や罪悪感を感じる年齢になるまで、またそれ以後も、**親御さんが子どもに相手の気持ちや相手の立場について話しているか話していないかが、子どもの共感性の発達に影響するからです。**

共感性は、相手の立場になって考えたり、相手の気持ちを考えることで、相手の感情を自分のことのように感じることですが、あらゆる心のあり方に関係しています。罪悪感や責任感もそうです。

日頃から子どもの気持ちを汲《く》んで共感的に接し、子どもに他人の気持ちや立場についてよく話すことが多く、そのようなことを大切に思っている親のもとでは、他人の気持ちや立場について考える共感性の高い子どもが育つことが多いという傾向があります。また、共感性が高い子どもは、積極性、意欲、忍耐強さ、公平性、慎重性など、生きていくために必要な適応能力も高くなっています。

そのため、もし謝らないといけない場面なのに、それを**うやむやにしたまま終わらせてしまうと、その出来事を通して得ることができたはずの相手の気持ちについて考える機会や、責任感や罪悪感を含めた共感性など、子どもの心が育つ機会が失われたことになってしまいます。**

それに、状況によっては、本当はその子だけが悪かったわけではなかったのかもしれないのにその真実を知ることができなくなってしまいますし、本当はこうしたかったんだ、という子どもの本来の気持ちを知る機会も失われてしまいます。

出来事1つ1つに子どもの心の成長のチャンスがあります。

しかし、この時期の子どもの発達で難しい点は、あれもこれも悪い、悪いで、謝るような経験ばかりが増えると、罪悪感が強くなって、積極性がなくなり、その結果、子どもが様々なことにチャレンジする意欲を自ら失ってしまうかもしれないことです。

例えば、子ども同士の問題で、その状況をよく見ておらず何があったかを知らないのに、親御さんは一方的に自分の子どもが悪いことをしたんじゃないかしら、と思って謝まるケースがありますね。

そのような時、内容も聞かず、すぐに自分の子どもに謝らせることや、親御さん自身が謝ることは、子どもの罪悪感を強める原因の1つになる恐れがあります。

さて、今回のご相談のように、「ごめんなさい」を言えないのも、子どもなりの理由があるかもしれません。

ちょっとした時間差ができて、さらに言いづらくなった子どもには、小さな声でも何か言えるように親御さんが子どもの口元に耳を寄せて聞いてあげるのも1つの方法です。

親御さんは、子どもの置かれた状況を正しく判断するためにも、子どもの行動をよく見て、子どもの気持ちに共感しながら話を聞いたり、話をしてあげることが大切です。

相談20

対象年齢：6か月～1歳半
キーワード：人見知り

母親がいなくなるとすぐに泣きます。父親がいても泣き、母親でないとだめなようです。泣かれないためにはどうすればいいですか？

相談例

トイレに行っても、洗濯物を干しに行っても、隣の部屋に行っても、母親がいなくなると泣いてしまいます。お父さんが居てくれても泣いて、私でないとダメなようです。用事がなかなかできなくて大変です。

お母さんと一緒でないと泣いてしまうのは、人見知りの現れですね。この人見知りの時期に入った子どもは、お母さん以外の誰があやしても、それがお父さんであっても泣いてしま

います。そんなときお父さんは、何とも寂しくなるものですよね。

この**人見知りは、だいたい生後8か月前後から現れます。「8か月不安」ともいわれ、子どもにとって自分に1番身近な人とそうでない人との区別がついてきたことを意味しています。**そのため、この時期、子どもはいつも一緒にいてくれるお母さんを1番身近で安全な人と認識し、他の人に対しては不安感が高まるようになります。

人見知りの現れる時期にも個人差があり、8か月前後から1歳過ぎになるまでと幅があります。この人見知りの時期はお母さんにとっては大変で、多くのお父さんにとってはちょっと寂しく感じられるでしょう。しかし、お母さんと他の人の区別がついた、違いが分かったという認知発達の現れですので、とても喜ばしいことです。

また、人見知りに加えて後追いがあると、全く家の用事ができない、と嘆くお母さんが多くなります。なぜなら、お父さんがお母さんの代わりに面倒を見ようとして抱っこしてあやしても、人見知りなので子どもは泣き止まず、お父さんもどうしたらいいのか分からない状況になって、結局お母さんが子どもをあやしながら家の用事をするという状況になるからです。

子どもをお父さんに見てもらって大急ぎでトイレから帰ってきたり、ドアを開けたままで用を足したり、洗濯物を干したり取り込んだりするときも子どもから見えるようにしてあげたりなど、様々な工夫をして過ごしていると伺います。

人見知りで泣いてしまう子どもへの対処法

この時期の子どもに効く特効薬はないのですが、ただ、**人見知りが終わるのは、子どもがお母さん以外の人も大丈夫だ、と分かることでもあります。**

提案としては、例えば、お母さんがお父さんに今まで以上に優しく接しているところを見ると、子どもは、お母さんがこんな風に接しているんだから、きっとこの人も大丈夫、とお父さんに対して感じてきます。子どもにできるだけお父さんと仲睦《なかむつ》まじいところを見せて、子どもがお父さんに対して安心感を持てるようにするといいでしょう。

また、**もし子どもが1歳過ぎで、ことばの理解ができているようなら、「待っててね」と声を掛けてから行動するようにしてもいいでしょう。**例えば、子どもに「お母さん、トイレ。すぐに来ます。待っててね」と言ってトイレに行きます。

子どもは、お母さんが戻って来るとそのまま泣いているか、後追いで追いかけて来ているかもしれません。そこで、お母さんは、子どもが泣いていても、泣いていなくても、「よく頑張って待ってたね」と子どもが不安な気持ちで待っていたことを褒めてあげます。これを繰り返すと、子どもは、お母さんに「待っててね」と言われて、言われたとおりに待っていたら、必ずお母さんは戻ってきて、しかも待っていたら褒められる、という経験を積むことになります。

「待っててね」ということばと母親が戻ってくる事実、そして褒めてくれるという一連の流れが分かり始めると、お母さんが行ってしまっても、泣かずに待つことができるようになります。

このように待っていたことを評価することばも大切です。子どもの立場からすると、不安の中頑張ってお母さんを待っていたのに、何も言ってもらえないなんて、不安な気持ちを我慢していた甲斐《かい》がないですよね。

子どもの立場や気持ちを想像して、頑張ったことを褒めてあげることは大切です。

相談21

対象年齢：1歳〜3歳
キーワード：人見知り・保育園・幼稚園

保育園に行くようになってから、家でも母親の私から絶対に離れなくなりました。どうすればいいでしょう？

相談例

保育園に子どもを預ける時、子どもが私と離れたくないと言って泣くと困るので、子どもがおもちゃで遊んでいるすきに、分からないように、帰ってきます。お迎えに行くと、園の先生から、「お母さんが居なくなってすごく泣いていました」と言われました。

ほとんどの子どもは、幼稚園や保育園に慣れるまでは、親御さんから離れると号泣しますね。そのため、親御さんによってはそういう子どもの姿を見て、こんなに子どもが悲しがっ

ているのに、そこまでして無理に行かせるべきなのか、と思われる方もいるようです。

そんな迷いを持ちつつも、集団生活に早く慣れてもらいたい、仕事を始めたいから保育所に行かせたいなど様々な思いで、親御さんは子どもに幼稚園や保育園に行ってもらおうと頑張っていますね。

しかし、子どもにとっては、今まで親と心地の良い生活をしていたのに、幼稚園や保育園という全く見ず知らずの場所で、全く見ず知らずの子どもたちや先生と過ごすことになると思うと大変な不安が襲ってくることになります。

お母さん、お父さんが居なくなって、このまま自分はどうなってしまうんだろう、ぼくは、私は、これからどうすればいいのだろう、などと思っているに違いありません。

それでは、この子どもの立場を大人に置き換えて考えてみましょう。例えば、初めての場所や海外旅行先や人ごみの中、夫や恋人や両親が突然、自分がちょっとお店の商品を見ている間に居なくなっていて、どこに行ったのかと探していると、しばらくして、「ごめん、ごめん、向こうのお店を見ていたんだ」と言いながら戻ってきたらどう思うでしょうか。

初めての場所や、自分自身が慣れていない場所や、人ごみの中で、目の前から大切な人が見えなくなったら、私たちは心配したり、とても不安になると思います。相手はどこに行ったのかしら、どうしたのかしらなど、思いが巡るのではないかと思います。

子どももきっと同じですね。自分がおもちゃに夢中になってしまったために、お母さんが居なくなった、お父さんが居なくなったという経験をすると、もう、おもちゃになんて構っていられなくなります。

「お母さん、お父さんを見張っていないと、またどこかに行ってしまうんじゃないか」という不安で一杯の生活が始まってしまいます。そうすると、お母さん、お父さんとの信頼関係も崩れかねません。

泣いてしまう子どもへの対処法

そのようにならないためにも、**常に、家に居るときから、「お母さん、○○に行って来るね。待っててね」というように「待っててね」ということばを言ってあげましょう。そして戻ってきた時は「よく待ってたね。ありがとう」と言って褒めてあげましょう。**

これは、前の相談でも書いていますが、子どもは、頑張って辛抱して親御さんを待っています。それをしっかりと褒めて労《ねぎら》ってあげてください。

保育園、幼稚園に預ける時も、「お母さん、また迎えに来るから遊んで待っててね」「お母さん、お迎えに来ます。待っててね」ということば掛けを心がけましょう。

親御さんがそう言ったことで、たとえ子どもが泣いたとしても、子どもが泣くのは、親御さんの前で泣くのか、親御さんが居なくなってから泣くのかの違いです。子どもが泣くことには変わりありません。子どもが泣くから悟られないようにその場を去りたいというのは、親御さんが子どもが泣いてしまうと幼稚園や保育所に預けにくい気持ちになるという、親の都合の悪さを避けているだけのように思います。

そしてお迎えに戻ってきたら、待っていた子どもに「よく待ってたね」と褒めてあげてくださいね。子どもは、子ども社会の中で、色々な気持ちになりながら過ごしたはずです。

出かけるときは「待っててね」、帰ってきたら「よく待ってたね。えらかったね」というやりとりを定着させるといいですね。そうすると、子どもは、お母さん、お父さんは「待ってててね」と言ったあと、必ず戻ってくる、という一連の行動の流れを理解し始めます。そうすることで、子どもは安心して保育園、幼稚園に通えるようになるでしょう。

相談22

対象年齢：7か月〜3歳半
キーワード：噛む・話さない

よく噛まれます。噛まれると痛いので、とても辛いです。噛むのをどうしたらやめさせられますか？

相談例1 **嬉しいときや興奮したとき、いやなことがあったときに噛む**

私が抱っこをしているとき、何か嬉しかったり興奮したりすると私の肩を噛むんです。嬉しい時だけではなく、多分、いやなことがあった時も噛んできていると思います。噛まれると痛いので、どうしたらいいかと悩んでいます。

相談例2 **自分の思い通りにならないことがあると噛む**

叱られたときや、物事が自分の思うようにいかなかったときに自分の手を噛むんです。噛むのを見ると痛々しくて、叱りにくくなるし、この子の言うことを聞いてあげないともっ

と自分を噛むから大変なんです。そうかと言って、何でもこの子の思うようにばかりいかないし、どうしたらいいのか困っています。

子どもが噛んだのは、どのような出来事の後だったでしょうか。それは、相談例にもあるように、子どもにとって嬉しいときや叱られたときなどではなかったでしょうか。大変多いというほどではないですが、感情が大きく動いたときに噛んでしまう子どもは、よく見られます。

この噛むという行為は、自分の手や腕を噛んでしまう場合と自分以外の人、つまり親御さんや他の子どもの手や腕、肩などを噛んでしまう場合と主に2パターンがあります。

年齢では、6か月から2歳くらいまで、もしくは2歳過ぎの子どもにも見られます。これは、**自分の気持ちをことばで表わすことができない年齢であるということや、ことばの発達が少し遅いことが原因である場合が多いです。**

自分の身体の一部を噛んでしまう子どもと自分以外の人を噛んでしまう子どもの違いは様々な要因（噛んでいる子どもの年齢、発達的要因、嬉しさ、悲しさ、恐れ、怒り、欲求不満などの心理的要因、状況、時間など）も関わってくるので、一概に「これが原因だ」とは言えません。

ですが特に6か月から1歳3か月頃の子どもが**自分を噛んでしまう場合は、興奮して自分の感情を外に出したり、ことば以外の方法で注意を向けようとしているためであり、自分を噛んでいても痛みを感じにくいからだと考えられています。**

しかし、2歳半や3歳以上と年齢が上がっても自分を噛んでしまう場合は、その子どもは、感覚的に痛みを感じにくい子なのかもしれないし、発達的に何か他に要因があるかもしれません。この場合、一度、専門医や発達の専門家などに相談されることをお勧めし

ます。

また、**親御さんや他の子どもを噛んでしまうのは、その子がまだ周囲の状況をコントロールできることばが話せず、自分の気持ちを分かってもらえないため、噛むことが1番早くて良いコミュニケーション方法になってしまっているせいだと考えられます。**例えば、周囲の人から注目されたいときや取られたおもちゃを取り返す場合に相手を噛んでしまうという状態です。

自分を噛んでしまう場合も、他人を噛んでしまう場合も、比較的自分の気持ちがことばで言えるようになると、ずいぶん減るのですが、この噛んで自分の気持ちを表現することは、子どもによっては、３歳くらいまで続くこともありますし、発達障害の傾向などが見られる場合は、年齢で区切ることができないこともあります。

自分の気持ちをことばで言えるようになると噛むことが減ると考えられる理由の１つとして、口や口周辺の機能が関係していると考えられます。口や口周辺には特に感情を調整する機能があると言われていて、口や口周辺の触覚が満たされたときに快を感じると言われているからです。例えば、ガムを噛んで気持ちを落ち着けるという人もいるかと思います。また、極端な例ですが、大人も暴飲暴食をするときは、何かしらの感情の起伏があったときではないでしょうか。

そのため、「噛む」という行為は、子ども自身が自分で頑張って感情のコントロールをしていて、気持ちのバランスをとろうとしている状態だと考えられます。

親御さんは噛まれると痛いので、つい叱ったり、不快な気持ちを表してしまうことになると思います。そして、その親御さんの不快感がまた子どもに伝わり、子どもはまたさらに気持ちのコントロールをしないといけなくなります。これではお互い悪循環になってしまいますね。

また、しつけの面からも考えると、子どもが自分の手を噛むのを見たくないからと言って、子どもの要求を聞いてばかりになったり、できるだけ叱らないようにすることも良いことではないですね。

ですから、**噛んで気持ちのコントロールをしてしまう子どもには、別の方法で気持ちが調整できるように促してあげるといいでしょう。**

ここでは、子どもの気持ちに応じた調整の仕方を2つ紹介します。

子どもが嬉しい気持ちを調整するために噛んだ場合

子どもには、噛んだら噛まれた相手は痛いこと、だから噛まないようにすることを伝える必要がありますね。

しかし、**明らかに、子どもが何か嬉しくて噛んでしまったら、叱る前に、この子は嬉しかったんだ、と理解してあげましょう。**嬉しい気持ちが盛り上がっているのに、それをことばでは表現できないので、その気持ちを調整するために思わず噛んでしまったんだ、と理解してあげます。

そして、「嬉しかったね」「嬉しいの」「良かったね」などと子どもの気持ちを親御さんが口に出して代弁してあげます。子どもは、親御さんからそのことばを聞いて、自分の気持ちを分かってもらったと感じます。親御さんは、噛まれたことは大変辛いでしょうが、子どもが嬉しかった気持ちを理解して、一旦は、一緒に喜んであげましょう。

そして、**次に「でも、噛みません。痛い、痛い」と言って親御さんが口を大きく開いて噛む真似などをして見せて、「こうしません」「噛みません」と言って、横に首を振りながら子どもに禁止を伝えます。**

注意されると子どもは、叱られたと思って気持ちが落ち込むと思いますが、それでも、しっかりと厳しい表情で伝えた方が良いですね。やって良い事と悪い事は、その都度伝えていきましょう。

しかし、子どもによっては、相手の表情の意味が分からず、叱った顔を見て喜ぶ子もいます。そのような場合は、親御さんは嬉しいとき、叱っているときの表情にメリハリをつけるようにした方が良いですね。

一方、叱られたことが分かった子どもには、「よく分かったね。これから噛みません」と笑顔で言って、叱ることを済ませて、抱きしめて気持ちを落ち着かせてあげましょう。

そして、その後、「さっきは、嬉しかったね」「嬉しかったのね」と言いながら、子どもの気持ちをもう一度嬉しかった経験に戻してあげて、もう少し強めに抱きしめてあげたり、年齢によっては片手や両手でハイタッチをするように促したり、親御さんが両手を上に持ち上げて万歳をさせたり、手を添えて拍手をさせたりなど、**ことば以外で嬉しい気持ちを表わす方法を教えていきます。**

そこにことばで「やったー」「わーい」「いぇーい」などの嬉しさを表現する短いことばをつけると、さらに嬉しさの表現になりますね。

子どもはまだ何も言えなくても、親御さんがそのようなことばを添えることで、少しずつ動作とことばをセットにして覚えていきます。

例えば、親御さんがハイタッチの動作を「いぇーい」と言いながらすると、子どももそのことばと同時に自分の手を親御さんに当ててきたり、「やったー」と親御さんが拍手や両手を上に上げる動作をすると、子ども自身も同じ動きをするようになります。ことばは身体の動きと一緒にすると覚えやすくなりますよ。

こうすることで、子どもは噛まなくても違う方法で自分の嬉しい気持ちを表現できるようになりますね。

子どもが悲しい気持ちを調整するために噛んだ場合

子どもが悲しみから噛んでしまった場合は、「悲しかったね」、「辛かったね」と言って、子どもの気持ちを代弁するつもりで話し掛け、さらにいつもよりも強く抱きしめてあげるといいでしょう。

これは、ぎゅーっと強く抱きしめると、この圧刺激が筋肉や関節に伝わり、その圧刺激によって気持ちが落ち着くと考えられているからです。

しかし、どのような理由であれ噛むことは良くないので、**「子どもが嬉しい気持ちを調整するために噛んだ場合」と同様に「噛みません」「痛い、痛い」などと子どもに噛まないように伝えます。**

このように注意されると子どもは、叱られたと思って気持ちが落ち込むと思いますが、それでも、「子どもが嬉しい気持ちを調整するために噛んだ場合」と同様にしっかりと厳しい表情で伝えた方が良いですね。

そして、叱られたことが分かった子どもには、「よく分かったね。これから噛みません」と笑顔で言って叱ることをやめ、次に、抱きしめて気持ちを落ち着かせてあげるといいでしょう。抱きしめて、次に抱きしめた力を緩めて、また強く抱きしめて、また緩めて、という抱きしめ方を繰り返すと、ただ抱きしめられるよりも心地良く感じる子どももいますので試してみてください。

子どもが親に叱られたことを分かっておらず、まだニコニコしているような場合は、親御さんは叱った表情を変えず、「噛みません」と何度か伝えてみましょう。子どもの表情が少しでも変わったら、「分かったね」と笑顔になって抱きしめてあげるといいですね。子どもに親御さんの表情の違いを理解させて、それによって、物事の善し悪しを伝えることも大切です。

子どもの感情表現の手段が「噛む」となってしまわないように、正しい感情表現の仕方を教えてあげましょう。

楽しい気持ちのときは身体全体でそれを表したり、悲しいときは親御さんに抱きしめられて気持ちを落ち着けたり、または自分から親御さんに抱きつくことで悲しい気持ちを調整したりできるように、方向づけてあげるといいですね。

相談23

対象年齢：2歳半～3歳半
キーワード：おむつが取れない・おねしょ

3歳児です。おむつがなかなか取れません。どうしたらいいでしょうか？

相談例

来年、3歳になります。4月から幼稚園に行きます。もう3歳だと他の子どもさんは、みんな、おむつは取れていると思うんです。うちの子だけ取れていないと、ちょっとまずいと思って……。どうしたらおしっこに行くと言ってくれるようになりますか。

「来年から幼稚園なのに、おむつが取れていないので困っています」「もう周囲の子は、おむつが取れているのに、うちの子はまだ取れていないんです」「あなたがこの子の年のとき

には、もうおむつは取れていたよ、と私の母親が言うんです。この子は、遅いみたいです」など、多くの親御さんは、子どものおむつが取れる時期について心配されますね。

おむつが取れない理由には、年齢はもちろんのこと、子どもの感覚の中でも触覚系に何か問題があったり、心理的な面に問題がある場合があります。

触覚系の問題というのは、例えば、主におむつが汚れても不快と感じない場合や、おしっこが出たことが分からないということをさしています。

心理面の問題というのは、トイレが不安だという状態です。下着を脱ぎ用を足す際のスースーした無防備さが不安だったり、トイレに居ること自体が不安だということをさします。

触覚系の問題で「おしっこ」と言えない子どもへの対処法

さて、おしっこを言う子、言わない子、子どもにはそれぞれ差がありますね。

触覚系の点でいうと、おむつが濡れても不快と感じない場合は、なかなか「おしっこ」と言ってくれず、おむつは取れにくくなります。このような子どもには、親御さんは定期的に、

時間を決めてトイレに連れて行って、その度に、トイレに座れただけでも、「これで良かった」という気持ちを持つことから始めて、さらに、もしトイレで用が足せたときには特に大げさに褒めるといいですね。

トイレに行く定期的な時間は日常のある決まったイベントの前に行くようにするといいでしょう。例えば、朝起きた時、食事の前の手洗い時、食後30分以内、テレビ番組を見る前、外出する前、寝る前という感じです。このように時間調整を習慣化していきます。

また、急に「今からご飯だからおしっこに行くよ」と言って連れて行くのではなく、その決まったイベントの5～10分くらい前に、「もうすぐおしっこに行くよ。ご飯前だからね」と言ったり、携帯電話やCDなどでアラームや音楽を鳴らすように設定をしておいて、「この音楽が鳴ったらおしっこに行くよ」と予告をしてあげる方が良いでしょう。

なぜなら子どもの方も、遊んでいるのに急にトイレに連れて行かれるより、あらかじめ心の準備ができていた方が行きやすくなるからです。そうして、トイレに親御さんと一緒に行けること、トイレに座れることを褒めてあげることも大切です。

親御さんは時間を調整しながら、おしっこやうんちはトイレでするものだと、焦らずに教えていこう、という気持ちでいることが大切ですね。

そして、**もし子どもが運良く用を足せたら、「おしっこできたね」と少し大げさに褒めてあげましょう。**子どもも褒められると気持ちが良いので、「おしっこ」ということばも覚えるようになり、さらにトイレで用を足そうと意識するようになるでしょう。子どもにとって、楽しい経験、体験に関わることばは、受け入れやすいものです。

そのような親御さんとの楽しい気持ちのやり取りの中で「おしっこ」ということばを覚えていくと、子どもは「おしっこしたい」と思ったら、自分から「おしっこ」と言えるようにもなります。もしくは、「おしっこ」と言えなくても、トイレに行きたい表情やしぐさで、トイレを教えてくれるようになっていきます。

心理面の問題でトイレに行けない子どもへの対処法

一方、触覚的な問題ではなく心理面の問題でトイレに行けない子どもは、トイレだけが不安な場所ではないと思います。新しい場所や、初めて行った所など、不安に感じる場所が多いのではないでしょうか。もしくは、お尻をだして無防備になってトイレに座る不安感や、トイレの穴が怖いと思ったり、トイレの個室が不安になったりする場合もあります。**子どもがこのような気持ちになる場合、無理強いはせず、子どもの不安感を解消できる方法を考えてあげましょう。**

例えばトイレの中の環境を少し変えることもいいですね。トイレに子どもが好きなキャラクターのシールやポスターを貼って不安感を解消したり、親御さんが子どもにトイレで用を足しているところを見せることでトイレは怖くない場所ということを知らせます。

子どもはトイレに対して不安感を持っているということを理解して、その子に合った方法でその不安感を取り除くようにしてあげるといいですね。トイレの雰囲気を変えることで、子どもが自分で「おしっこ」や「うんち」が言えるようになるでしょう。

おねしょをしてしまう子どもについて

子どものトイレと言えば、おねしょの問題も気になるのではないでしょうか。

寝る前にトイレに行っているのにおねしょをしてしまうお子さんもいますね。

以前は、夜中に起こして、トイレに連れていくのが良いと聞きましたが、最近では、それでは、夜中におしっこをためておく身体の機能が鈍ると言われ、夜中に起こしてトイレに行かせることを勧めていない助言も聞かれます。

おねしょは、3歳くらいから、子どもによっては中学生になっても続く場合があり、もちろんこれは、日本の子どもに限ったことではありません。

しかし、この方法がおねしょに効く、という特効薬はないようです。

ただ、寝る前にはあまり多くの水分をとらないようにし、必ずトイレに行くという習慣づけをすること、また、おねしょをしても布団に影響しないシートを使ったりしてあげることも大切です。なぜなら、**おねしょをして叱られることで、子どもの自信や自尊心が傷ついてしまう**からです。まして、年齢が大きくなるにつれて、親御さんに人前でそのことを話されたら、子どもの気持ちはさらに落ち込むことでしょう。

おねしょをしてしまう子どもは、「今晩もおねしょをしよう」と思って寝ているわけではありません。むしろ、恥ずかしい、明日の朝叱られるんじゃないかとまで思って寝ています。しかし、なぜか朝には、結果的にそうなっているんですね。そんな気持ちを汲《く》んであげてくださいね。

相談24

対象年齢：1歳3か月〜
キーワード：頭をたたきつける・強い刺激を好む

何かいやなことがあったとき、床や壁などに頭をたたきつけます。頭なので心配です。

相談例1 **自分の思い通りにいかないときに頭を打ち付ける**

おもちゃで遊んでいるとき、自分の思うようにうまくいかなかったら、床に頭を打ち付けたり、リモコンや携帯を触っているのでそれを叱ると、頭を打ち付けたりします。何度も何度もバンバン打ち付けるので怖くて……。どうすればいいでしょうか。

相談例2 **原因は分からないが突然頭を打ち付ける**

どういうことで壁や床に頭を打ち付けているのか分からないのですが、遊んでいるかと思って様子を見ると、床に頭を打っています。

初めてこんな場面を目にすると、親御さんも周囲の人も「どうしよう」と思いますね。痛々しくて、とても辛い気持ちになります。でも、いくらこちらが止めても、子どもはやめてくれなかったりしますね。

一般的にこのような行動をとる子どもはそれほど多くはありませんが、発達相談の場ではよく聞かれる相談です。特徴としては、自分の手を噛んだり、親御さんを噛んだりする子どもといくつか理由が似ている部分がありますが、他にも様々な考え方があります。

①ことばの発達が未熟で、ことばで自分の要求が十分に言えない。
②ことばの発達が未熟で、こちらの言っていることがよく分かっていない。
③自分が思っていた見通しや期待していたことと異なっていた場合、その違いや予定変更が受け入れられない。何か出来事の変更に対して、気持ちの切り替えが難しい。
④強い刺激を好み、頭を打ち付ける刺激で「快」の気持ちを感じている。
⑤刺激が、なかなか自分に伝わらない。痛みがなかなか伝わらない。
⑥頭を打ち付けたときに、大人が慌てて自分の要求を受け入れてくれた経験があるので、この手段を1番聞いてもらえる要求手段と思っている。

それでは、各々の場合の対処法についてみていきましょう。

【頭を打ち付けてしまう子どもの対処法】
対処① ことばの発達が未熟な子どもの場合(①②)

①や②のような特徴がみられる子どもは、自分の気持ちをことばで言えない年齢の1歳半ごろに多く見られます。

頭を床に打ち付ける自傷行動を使ってことばの代わりにしています。このような場合は、**「危ない」ということを根気強く教えていくことと同時に、頭を打ち付けるのとは別の方法で自分の要求を伝えることができるように教えていきます。**

例えば、首を振って、「いや」や、うなずいて「はい」を教えてみましょう。そして、その方法で、子どもが自分の思いを伝えられた時は、親御さんはその要求を聞き入れて、その方法で上手に伝えられたことを褒めてあげます。

頭を打ち付けなくても親に自分の気持ちを分かってもらえたとき、子どもは自傷行為を使って伝える必要がなくなるでしょう。

対処② 感情がコントロールできない子どもの場合（③）

③のように**自分の持つ見通しや期待と違ったときに、その変更が受け入れられず、感情のコントロールができない子どもの場合、事前に親御さんが今後の予定を伝えておく必要があります。**

行き場所の変更や予定の変更について、例えば、「今日は、おもちゃは買わないよ」など、子どもに絵カードや写真で教えておきます。

また、写真や絵カードの用意が難しいときは、簡単に携帯電話で写真などを撮れるかと思います。携帯電話で撮った写真を見せて説明することもお勧めです。

子どもの中には、耳から聞くより、目で見た情報の方が理解しやすい子もいます。ことばの理解が難しい子どもは、絵カードや写真などを見て説明してもらう方が、話だけで説明されるよりも分かりやすいのです。

対処③ 刺激を求めている子どもの場合（④⑤）

④や⑤のような子どもは、自分の感情のやり場を失って、強い刺激を自分に与えることで、感情のコントロールをしていると考えられます。特に④のように痛みを「快」と感じる場合、そうすることで、不快感を快にしていると考えられますね。

このように激しい刺激に強いということは、あまり刺激が本人に伝わりにくいとも考えられます。そのような子は、もともと刺激が伝わりにくいので、何でも強めにしないと刺激が分かりにくく、いつも行動が乱暴な印象があると思います。

実際、痛さがなかなか伝わらない子どももいます。そのような場合、頭を過度にバンバン打ち付けることにもなりかねません。そのような子には「危ない」「痛い、痛い」と言って、こういうことをするのは「危ない」「痛い」という、危険や痛みを教えていくことも必要になります。

このタイプの子どもは**日頃から、力をいっぱい使う遊びをしてあげるといいでしょう。関節や筋肉をたくさん使って遊び、筋肉の張りや関節、腱《けん》の張りをたくさん感じる遊びを心がけていくといいですね。**それによって、脳への刺激の伝達を促し、痛さなどの感覚を感じるようにも方向づけられます。

感情のコントロールとして頭を打ち付けていると考えられる場合は、違う刺激で感情のコントロールをしてあげます。例えば、圧刺激は、感情を抑える1つの手段です。これも、相談22でご紹介しましたが、子どもを少し強めに抱きしめます。「ぎゅーっ」と抱きしめて、すぐに力を緩め、また、「ぎゅーっ」と抱きしめて、またすぐに緩める、を繰り返えします。しっかり強く抱きしめることが、子どもの感情のコントロールの手助けになります。

反対に、子どもの方から親御さんに強く抱きつくように促すのもいいでしょう。子どもの方から力をだして親御さんに抱きつくことで、自分の筋肉や関節を使うことになって、子どもの身体への刺激にはさらに良いものになります。

また、親御さんが子どもの手足を持ってブラブラ揺らし、関節や筋肉に刺激を送ることもいいでしょう。刺激がなかなか伝わらない子どもには、このように関節や筋肉へ刺激を送って気持ちをすっきりさせる手助けをすることをお勧めします。

④⑤のようなタイプの子どもには、**「危ない」「痛い」とは何かを教え、遊ぶことで脳へ感覚の刺激を促して、感情のコントロールを頭を打つ以外の方法でできるようにしてあげることが大切ですね。**

対処④　要求を受け入れてもらおうとしている場合⑥

⑥のような子どもの場合は、しばらくはこの自傷行為を使って自分の要求を知らせようとする可能性があります。**子どもが、今後この方法を使っても無駄だ、と分かるように、親御さんは、子どもが頭を打ち付けたときの要求を受け入れないようにした方が良いでしょう。**

頭を打ち付けている子どもを目の前にして、その子の要求を聞いてあげないことはとても辛いことですが、慌てずに、その子の行動を止めましょう。そして、子どもに、この方法では自分の要求は聞き入れてもらえないことを知らせていきます。

安全な要求の仕方、例えば、首を振って「いや」と親御さんが言います。頭を打ち付けている時は、「危ない」と言ってやめるようにさせます。

やめた時に「大丈夫？　危ないからバンバンしません」などと注意をして床に打ち付けないように言い、次に親御さんが「イヤイヤ」と首を横に振るしぐさをして、子どもに見せて、「『イヤイヤ』ってやってみて」と子どもに教えます。

子どもが、首を振って「イヤ」とできたらすぐに、頭を打ち付けてまで要求していたことを受け入れてあげるようにします。そうすると子どもは、この方法で自分がやって欲しいことをやってもらえると分かってきます。

しかし、どうしても親御さんにできないことを要求して、その要求を聞いてもらえないから頭を打っているという場合があると思います。

その時は、頭を打つことをとにかくやめさせましょう。クッションや座布団など頭を保護する物を用意して、せめても頭をその柔らかい物の上で打つようにさせましょう。

抱きしめてやめさせることも大切です。しかし、抱きしめると親御さんの胸にも頭を打ってくる子どももいるので、親御さんは、自分の胸にクッションなどを置いて、子どもを抱いてやめさせましょう。

そして、**親御さんが聞き入れられない要求であれば、「できません」「ない、ない」「しません」など短いことばで伝えて、できることとできないことがあることを知らせることもしつけとして大切です。**

この自傷行為の扱いは大変難しいのですが、親御さんは、子どもが自傷行為の方法を使わず、ことばやジェスチャーなど別の方法で自分の言いたいことを表現できるように教えてあげ、また親御さんや他の子どもと遊ぶ中で自分の気持ちをコントロールできるように促し、自傷行為をやめさせていかなければなりませんね。

相談25

対象年齢：1歳半～
キーワード：こだわり

こだわりがあるようで、何でも並べます。こんな遊び方でもいいのでしょうか。

相談例

おもちゃの車を並べるんです。並べるのが楽しいみたいで……。どうしてこういう風に並べるんでしょうかね。ちょっとでも動かすと、私の手を払って、歪んだところを直すんですよ。

物を几帳面に並べるというのはなぜか男の子によく見られる遊び方ですね。
おもちゃの車を並べたり、電車を並べたり、積み木を並べたり、何でも真っ直ぐ並べて、

それを少しでも動かすと、それがいやで泣いたり、頭を床に打ったり、自分の手を噛む子もいますね。また、きれいに並べて、「ほら見て」と言わんばかりに並べた物に指をさして見せてきたり、並べた物に目を近づけて横から並んでいる姿を見て楽しんだりする子もいます。

こだわりが強い子の対処法

このように同じ遊びばかりする時や儀式的にその場所に行くとその遊び方を必ずするときは、その子の「こだわり」について考える必要があります。

1つの遊び方にとらわれ過ぎて、他の遊びが

できないような場合、心の発達の面から考えると、このこだわりの強さが邪魔をして将来遊びに発展性が持てない場合が出てきます。そのため、その子の遊び方を注意して見ておく必要があります。

しかし、並べる遊びもするし、他の物にも興味がある場合は、この子は、並べる遊びをすることで、まず気持ちが落ち着くのだと考えられます。また、きれいに並べたことを褒められて、気持ちが良かった経験があって、並べることが好きになったとも考えられますし、並べ終わった達成感も気分が良いのではないかと思われます。

私たちも、必ずこの道を通る、朝食にはこれを必ず食べる、というようなことがないでしょうか。そしてその時は、なぜか落ち着く気がしませんか。

子どもにも、これをすると落ち着く、という遊び方があるようです。そのため、初めに落ち着く遊びをしてから、別の遊びに発展させてあげると、遊びが広がりやすくなりますね。

例えば、今までは、ただ、床やカーペットにおもちゃの車を並べて、並べた後それを見て楽しむだけだったのなら、次は、段ボールや画用紙などに駐車場や家や町を描いてあげて、その町の道を通った後、駐車場に並べるように、遊びを発展させるといいですね。

その遊びの中で、「信号で止まります」「踏切で止まります」など物語を遊びにいれることができます。最終的には、今までどおり、駐車場にたくさん車を並べて遊びが終わるようにすると遊びの発展になります。

ただ車を並べることが好きで、それだけして、次は全く違う遊びをする子どももいます。この遊び方でもいいのですが、本来おもちゃの車は、並べるだけが遊び方ではないので、車を走らせる本来の遊び方も伝えていくようにするといいですね。

1人では遊びのバリエーションを広げることが難しい子どももいます。そこで親御さんが、こんな遊び方がおもしろいよ、という気持ちも含めて、子どもに別の遊び方を示していくことが大切ですね。

しかし、子どもによっては、こだわりが強すぎて、こちらが誘っても1つの遊び方以外に受け付けない場合がありますね。

そんな時は、しばらくその遊びに付き合って、一緒に楽しんであげましょう。親御さんはどうしても、「この遊びばっかりして……」と不満に思いがちですが、子どもは、同じ遊びでも自分ができることに嬉しさを感じたり、見通しがつくので気分良く遊ぶことができたりします。そんな子どもの気持ちを汲《く》んであげて親御さんも子どもと一緒に十分に楽しむと、その遊び方に満足して、次の遊び方に興味を持つようになるでしょう。

こころについての豆知識

親御さんのちょっとした知識と配慮が子どものこころの発達を助けます。こころの成長に、遊びは欠かせないものです。特に子どもの時期は、遊びが子どものこころを育てます。

追視と遊びの関係

男の子は車のおもちゃが大好きですよね。

親御さんに、何度も何度もこれを走らせてほしいとお願いしてくるかもしれません。もしくは、自分で車のおもちゃを走らせて「ほら見て」と言ってくるかもしれません。

幾度も繰り返されるので、親御さんは、「また、この遊びか」と軽んじてしまうかもしれませんが、**車遊びには、いくつものこころの発達の種が含まれています。**
主なものをあげると、追視という目の動き、物事の予期、力の加減、達成感、自信など、色々なこころの成長の種が含まれています。

まず、何か動く物を目で追うことを追視といいますが、この「何か物を追って見る」という発達は就学後にも影響します。

具体的には、学校で黒板に書かれたものをある程度の長さで区切り、まとまりのあることばでノートに書き写すことができるかどうか、また、本を読むとき、少し先を見ながらことばのまとまりを考えて文字を目で追って読めるかどうか、という目の動かし方に関係すると言われています。

黒板に書かれた字を1、2字見てはノートに書き、また黒板を1、2字見ては書き、としていたらどれだけ効率が悪いでしょう。また、写している本人も疲れることでしょう。

例えば、「わたしは、きのう、うみにいきました。うみは、あおかったです」と黒板に書かれているのを見て書き写すとき、「わ・た・し・は、き・の・う、・う・み・に・い・き・ま・し・た。う・み・は、あ・お・か・っ・た・で・す」と1文字ずつ見て書き写すよりも、「わたしは、・きのう、・うみに・いきました。・うみは、・あおかった・です」とまとまった文字を見て書く方が意味も分かりやすくなりますね。

残念ながら、追視の遊びをたくさんするだけで、将来、ノートをとることや本読みにまったく問題がなくなる、というほど劇的な効果があるわけではありません。ですが、このような単純な遊びも追視という目の使い方と関係しており、後にそれは、ノートをとることや本読みなどにつながる、つまり**遊びと発達には大きな関係がある**というのは紛れもない事実です。

また、この車遊びは、次の事態を予期や期待をしながら待つという、認知や社会的な適応能力にも関係していきます。

例えば、おもちゃの車を自分で走らせたなら、力加減を考えながら前に進ませるようにもなるでしょう。どれだけの距離を走らせるのか、そのためには、どれだけ力をだして走らせるといいのかなどを予測して、それに見合う力で加減して走らせるということも、こころの成長に関わってきます。そして、自分の思った通りにできれば、それはまた達成感や自信にもつながりますね。

これは、おもちゃの車に限ったことではありません、例えば、ボーリングのように的を作って、ボールを転がしてその的に当てるという遊び方にも同じ要素が入っています。

ボール転がしに、ペットボトルや牛乳パックを的にして倒すという目的をつくることで、転がるボールを目で追う、当たるように期待をしながら力加減を考えてボールを転がす、当たると達成感を抱き、自信も持てる、という流れができるのです。

意味を持って遊ぶと、遊びは単なる遊びではなく、子どもを成長させる大切な養分になるのですね。

感情表現について

「表情とは、感情が表にでていること」だと、ある方が書かれていました。感情が表にでたことが表情として顔に表れていると思うと、私たちの感情・こころのあり方とその時の表情について考えさせられますね。

さて、発達検査でも「表情理解」という項目があるくらい、表情を理解することは重要な発達課題になっています。検査の中では、社会性の1つとして区分されています。

笑っている顔、泣いている顔の区別は2歳から2歳3か月頃に、怒っている顔、嬉しい顔、驚いている顔、悲しい顔の区別は2歳6か月から3歳以降に区別ができるかどうかの検査項目があげられています。また、「メンメ」と叱られて、その叱られていることが分かるのは、生後9か月から10か月前後となっています。

そのため、それ以前の年齢では子どもには、まだ顔の表情の意味が分かりにくいかもしれませんね。例えば、叱ってもそれを叱られていると分からずに、むしろ面白い顔だと楽しむ子どももいます。

子どもは、年齢に応じて、その状況と表情を少しずつ学んでいきます。しかし、悲しい顔や泣き顔と怒り顔は混同されやすく、驚いている顔と嬉しい顔も混同されやすいようです。例えば、発達検査で「怒っている顔はどれですか」という質問に、泣き顔を選ぶ子がいます。これは、子ども自身が怒って泣くので、泣いている顔は、怒っていると思えるからのようです。

また、驚いて目と口を大きく開いている顔は、嬉しい顔に見える子どももいるようです。

そのため子どもが表情と感情を理解していくためには、常に親御さんがどのような表情や態度で対応をしているのか、また、子どもや他の人の気持ちに共感し、様々な感情をどのように説明していくかが関係していくでしょう。

親御さんが、普段の生活の中で子どもが泣いているときには「悲しいね」「辛かったね」、嬉しいときには「嬉しいね」「楽しいね」、怒っているときには、「腹が立つね」、と**その時の感情に応じた共感的な態度とことばを掛けていくことで、子どもは自分の気持ちを知り、その気持ちとことばを一致させていきます。**

また、テレビや絵などにでた表情をその都度ことばで表わしていくことも大切です。そうすることで、人の表情や気持ちを理解できるようになるでしょう。

しかし、**発達に何らかの遅れが見られる場合は、表情を理解しにくい子もいるので、親御さんのさらに丁寧な対応が必要になることもあります。**

丁寧な対応というのは、親御さんが、今までよりも顔の表情を少し大げさに表わすとか、もしもまだお子さんが相手の表情の理解や自分の感情の理解が難しいようであれば、ニコニコした絵、悲しい顔の絵、怒った顔の絵を描いて、その絵を補助に使って表情の意味を教えてあげることです。

嬉しいときは、ニコニコ顔の絵を顔の横に並べて、「嬉しい」と言ったり、悲しいときに悲しい顔を描いた絵を持って「悲しい」と言うことも、その子の表情理解を助けます。

おわりに

一見、とても似ている「心配」と「心配り」について考えてみたいと思います。

この２つのことばは、送り仮名があるかないかで意味や印象が大きく違うと思いませんか。

「心配」はその人、本人の心の中で育ち膨らんで、心を曇らせ、時には、闇と病みをもたらします。

一方、「心配り」には、心を配る相手がいます。

「こうした方が良いのではないかしら」「こうした方が喜ばれるのではないかしら」と相手にとって良いことを考えながら、関わっている様子が目に浮かぶと思います。

出来ることなら、「心配」ではなく、お互いが「心配り」をし合い、思いやりにあふれた社会の中で過ごしたいものです。

子育ては、家族という小さな社会だけに責任と義務があるのではありません。

家族を取り巻く社会にも、子どもという新しいメンバーを社会の一員として育てていく責任と義務があります。

子育ては、家族にとっても社会にとっても大事業です。大事業を成し遂げるには、多くの人手が必要です。

「協力は強力なり」といいますが、お互いが思いやり、協力することで、みんなが心強くなれる社会ができると思います。

この書も、子育ての一力になればと願います。

東口たまき

【著者略歴】

東口たまき（ひがしぐち・たまき）

発達相談員。1971年兵庫県生まれ。大阪外国語大学卒業後、企業に就職するが、幼いころから興味があった心理学を学びたいと思い、退職。神戸大学に進む。ここで、発達障害についての学問に出会う。
また、公共機関で行われている発達クリニックでの感覚統合運動の指導講師をする中で、発達障害を持つ子どもさんとその親御さんに出会い、発達障害を持つ子どもさんの理解者の１人になりたいと思うようになる。
大学卒業後は、神戸大学大学院に進み、ロシアの発達障害を持つ子どもを含めた子育てと遊びについて研究をする。大学院修了後、発達障害についての研究と院生中に神戸市灘区保健福祉部で心理判定員として勤務した経験、及び、感覚統合運動の指導の経験を生かし、川崎医療短期大学、神戸海星女子学院大学、大手前大学の非常勤講師として勤める。
その一方で、神戸大学大学院人間発達環境学研究科ヒューマン・コミュニティ創成研究センター・サテライト施設のびやかスペース「あーち」で発達相談員として勤め、様々な子育てに関する相談を受ける。

うちの子、まだおしゃべりができないのですが大丈夫でしょうか？

平成27年7月10日第一刷

著　者　東口たまき

発行人　山田有司

発行所　〒170-0005
株式会社　彩図社
東京都豊島区南大塚3-24-4
MTビル
TEL：03-5985-8213　FAX：03-5985-8224

印刷所　新灯印刷株式会社
イラスト　梅脇かおり

URL　http://www.saiz.co.jp　https://twitter.com/saiz_sha

© 2015. Tamaki Higashiguchi Printed in Japan.
ISBN978-4-8013-0078-1 C0077
落丁・乱丁本は小社宛にお送りください。送料小社負担にて、お取り替えいたします。
定価はカバーに表示してあります。
本書の無断複写は著作権上での例外を除き、禁じられています。